国家社会科学基金青年项目：双循环格局下中国企业境外上市对资本配置效率的影响研究（项目编号：21CGJ045）最终研究成果。
河北大学重点培育项目：中国企业境外上市赋能新质生产力提升的机制与路径研究（项目编号：2024HPY009）阶段性研究成果。

双循环格局下中国企业境外上市对资本配置效率的影响研究

U1018969

乔敏健　孟　彤　等著

中国财经出版传媒集团
中国财政经济出版社
·北京·

图书在版编目（CIP）数据

双循环格局下中国企业境外上市对资本配置效率的影响研究 / 乔敏健等著. -- 北京 : 中国财政经济出版社, 2025. 6. -- ISBN 978-7-5223-3941-2

Ⅰ. F832.5；F279.246

中国国家版本馆CIP数据核字第20252TJ396号

责任编辑：苏小珺　　责任校对：徐艳丽

封面设计：兰卡绘世　　责任印制：党　辉

双循环格局下中国企业境外上市对资本配置效率的影响研究

SHUANGXUNHUAN GEJUXIA ZHONGGUO QIYE JINGWAI SHANGSHI DUI ZIBEN PEIZHI XIAOLÜ DE YINGXIANG YANJIU

中国财政经济出版社 出版

URL：http：//www. cfeph. cn

E－mail：cfeph@ cfeph. cn

（版权所有　翻印必究）

社址：北京市海淀区阜成路甲 28 号　邮政编码：100142

营销中心电话：010－88191522　编辑部门电话：010－88190640

天猫网店：中国财政经济出版社旗舰店

网址：https：//zgczjjcbs. tmall. com

涿州汇美亿浓印刷有限公司印刷　各地新华书店经销

成品尺寸：170mm×240mm　16 开　13. 5 印张　200 000 字

2025 年 6 月第 1 版　2025 年 6 月河北第 1 次印刷

定价：98. 00 元

ISBN 978－7－5223－3941－2

（图书出现印装问题，本社负责调换，电话：010－88190548）

本社质量投诉电话：010－88190744

打击盗版举报热线：010－88191661　QQ：2242791300

前 言

2020年5月14日，中共中央政治局常委会首次正式提出“构建国内国际双循环相互促进的新发展格局”（以下简称“双循环格局”或“双循环新发展格局”）。从本质上来看，构建双循环格局旨在打通产品市场和要素市场的壁垒，促进商品、贸易和生产要素的有序流动，实现中国经济可持续增长。从微观层面看，企业境外上市兼具“引进来”和“走出去”的属性，推动中国企业境外上市不仅关系中国要素市场化改革进程，还直接关系到中国微观层面的对外开放程度。推动中国企业境外上市是对我国构建双循环格局的具体回应。2020年中共中央、国务院发布《关于构建更加完善的要素市场化配置体制机制的意见》，对要素市场化改革作出重要部署。推动中国企业境外上市有助于打通要素流动的堵点，提高资本配置效率。而美国挑起贸易争端等一系列逆经济全球化行径，使中国企业境外上市频频受阻，《外国公司问责法案》的签署更是进一步增加了中国企业在美国市场的经营风险，但其不应该成为中国企业停止境外上市的理由。2020年10月11日，中共中央办公厅、国务院办公厅印发《深圳建设中国特色社会主义先行示范区综合改革试点实施方案（2020—2025年）》明确表示“完善高水平开放型经济体制”“支持符合条件的在深境内企业赴境外上市融资”。作为中国更高水平对外开放的有机组成部分，中国企业境外上市将会获得持续发展。在双循环格局下探讨中国企业境外上市对资本配置效率的影响，明晰其作用机制，对于促进中国实现更高水平、更大范围对外开放，构建双循环格局具有重要意义。

在此背景之下，本书将“以开放促改革”作为研究的逻辑起点，从中国企业境外上市的视角探究双循环格局下中国企业境外上市行为对资本配置效率的影响。从资本配置效率的本质内涵看，本书认为资本配置效率是衡量企业投资、融资、现金流、股利分配等财务活动的综合性指标。目前，中国国有企业存在预算约束软化、贷款利率偏低的问题，民营企业和中小企业存在资质欠佳、投资决策过于保守的现实问题，这一系列的问题严重影响了企业的资本配置效率。从微观经济理论的视角看，完全竞争市场状态下资源配置将实现帕累托最优状态，相较于中国境内资本市场，境外发达资本市场的竞争程度更强，即推进中国企业到境外发达的资本市场上市在理论层面有助于提高资本配置效率。

行文过程中，本书首先结合绑定假说、市场分割假说、投资者认知假说、流动性假说、投资者保护假说等主流企业境外上市理论假说，从理论视角分析了企业境外上市对资本配置效率的影响，并结合企业境外上市的特征（即企业境外上市兼具“引进来”和“走出去”的属性），从公司治理机制改善、资本成本降低、企业风险分散、投资者保护程度提高四个维度构建了双循环格局下中国企业境外上市对资本配置效率影响的理论分析框架。其次，本书构建了企业资本配置效率的测算模型，从中国企业境外上市地点、中国企业所有权性质维度对企业的资本配置效率展开了具体分析。在此基础上，本书通过构建计量经济模型实证检验了双循环格局下中国企业境外上市对资本配置效率的影响，依次从境外上市与境内上市、H股上市与A股上市、N股上市与A股上市、国有企业境外上市与境内上市、民营企业境外上市与境内上市五个维度展开了具体分析，并运用剔除特殊年份样本值、控制变量滞后一期处理、安慰剂检验、反事实检验、熵平衡匹配法（EBM）等多种方法，对上述实证研究结论进行了稳健性检验。在厘清中国企业境外上市对资本配置效率影响的基础上，本书将公司治理水平纳入中国企业境外上市对资本配置效率影响的分析框架，通过构建中介效应模型进一步检验了中国企业境外上市对资本配置效率影响的机制。最后，本书从政治、经济、文化等方面分析了中国企业境外上市面临的障碍因素，研判了推动双循环格局构建的着力点，并结合巴西、印度、英国、美国、德国、日本6个代表性国家推进企业境外上市的经验，从构建资本市场制度框架，完善法律法规体系建设；扩大高水平对外开放，积极参与国际规则制定；大力发展经济，增强企业核心竞争力三个维度，设计出了推动中国企业境外上市促进双循环格局构建的路径。

在中国式现代化的推进过程中，推动企业境外上市的过程即为中国微观层面对外开放的过程，该行为对于中国加快构建双循环新发展格局具有重要的理论价值，对中国实现更高水平对外开放具有重要的现实意义。

乔敏健

2025年5月

目　　录

第一章

绪　论

第一节　研究背景及意义

一、研究背景

1978年改革开放战略实施以来，中国以开放的姿态不断深化对外开放，积极融入国际经济循环体系。中国经济实现飞速增长，世界银行统计数据显示，1984年中国GDP增长率高达15.19%（见图1-1），20世纪90年代初期至2020年全球新冠疫情前期，中国GDP更是保持了30年的高速增长。如今，中国已经稳居世界第二大经济体。

纵观中国改革开放历程，中国对外开放战略经历了从改革开放初期的“引进来”，到2000年党的十五届五中全会首次明确的“走出去”战略，再到2007年党的十七大报告明确“坚持对外开放的基本国策，把‘引进来’和‘走出去’更好地结合起来”，以及党的十九大报告指出的“坚持引进来和走出去并重”，直到党的二十大报告指出的“构建以国内大循环为主体、国内国际双循环相互促进的新发展格局”（以下

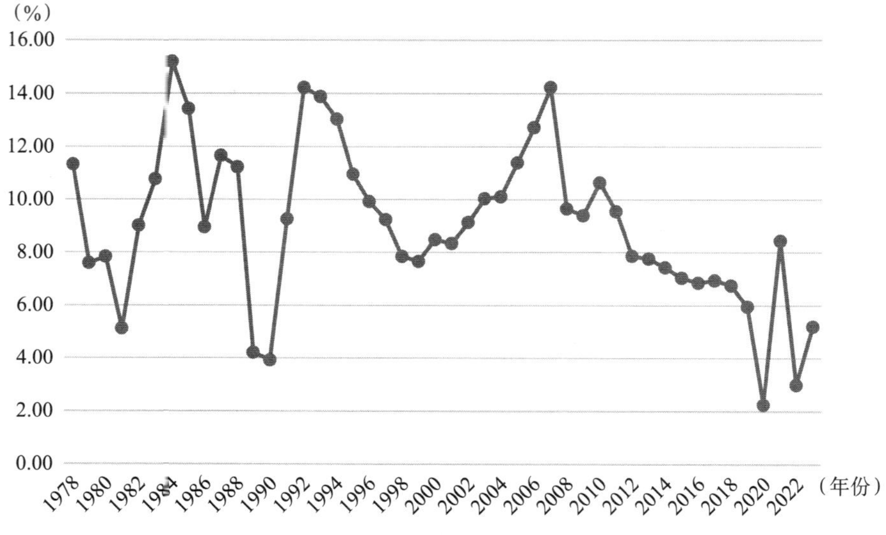

图 1－1　1978—2023 年中国 GDP 变化趋势

数据来源：世界银行数据库（https：//data. worldbank. org. cn/）。

简称双循环格局或双循环新发展格局）。

（一）加快构建双循环格局是推动经济高质量发展的客观要求

当前，国际经济形势复杂多变，特别是 2020 年新冠疫情发生后，世界正经历百年未有之大变局，民粹主义和贸易保护主义盛行，一系列“黑天鹅”“灰犀牛”事件频发，地缘政治风险上升，经济发展的不确定性、不稳定性风险增加。纵观世界经济发展历史，经济全球化始终是历史潮流，深度推进各国之间的分工合作，追求互利共赢目标始终是世界经济发展的主流趋势。习近平总书记明确指出“国际经济联通和交往仍然是世界经济发展的客观要求”。在世界经济发展中，中国始终以负责任的大国形象，积极推进经济全球化进程。同时，中国已经进入经济高质量发展阶段，整个经济体系作为一个动态循环系统，各个环节紧密联系，环环相扣。而推进经济高质量发展的关键在于打通经济系统中要素流通的堵点，畅通经济循环体系。

在中国式现代化建设进程中，经济高质量发展目标需要在更加畅通的国内国际双循环体系中实现，也需要在高水平对外开放中实现。因此，加快构建双循环新发展格局是推动经济高质量发展的题中应有之义。

（二）企业境外上市是对双循环格局的具体回应

中国资本市场起步较晚，从 1990 年深圳证券交易所和上海证券交易所相继成立、运营，至今不过 30 余年的发展历程。中国境内资本市场上市“额度”有限，证券市场供不应求，加之受上市程序复杂的影响，诸多中国企业选择走出国门到境外成熟的资本市场上市。以 1993 年 7 月 15 日青岛啤酒在中国香港联合交易所上市为标志，中国企业正式开启了赴境外资本市场上市的历程。目前，中国企业的境外上市地点已涵盖中国香港、美国、新加坡、英国等国家和地区。在中国式现代化的推进过程中，境外上市是企业开展跨境融资、完善内部管理体制、开拓国际市场的重要方式。从境外上市行为看，企业境外上市兼具“引进来”和“走出去”的属性，其中企业通过境外上市引入境外资本，上市后企业将面对境外投资者，更为重要的是，这一行为将引入外部竞争机制，即需要遵守境外资本市场的规则，与外国企业在境外资本市场竞争。由此可以看出，中国企业境外上市行为回应了国内国际双循环新发展的需要。

（三）推动企业境外上市是中国微观层面对外开放的重要抓手

推动中国企业境外上市不仅关系中国要素市场化改革进程，还直接关系到中国微观层面的对外开放程度，是“加快构建以国内大循环为主体、国内国际双循环相互促进的新发展格局”的重要抓手。2020 年国务院出台《关于构建更加完善的要素市场化配置体制机制的意见》，对要素市场化改革作出重要部署。推动中国企业境外上市有助于打通要素流动的堵点，提高资本配置效率。而美国挑起的贸易争端等一系列逆经济全球化行径导致中国企业境外上市频频受阻，《外国公司问责法案》的签署更是进一步增加了中国企业在美国市场的经营风险，但其不应该成为中国企业停止境外上市的理由。2020 年 10 月 11 日，中共中央办公厅、国务院办公厅印发《深圳建设中国特色社会主义先行示范区综合改革试点实施方案（2020—2025年）》明确表示“完善高水平开放型经济体制，支持符合条件的在深境内企业赴境外上市融资”。作为中国更高水平对外开放的有机组成部分，中国企业境外上市将会获得持续发展。

时下，中国社会的主要矛盾已由人民日益增长的物质文化需要同落后的社会生产之间的矛盾转变为人民日益增长的美好生活需要和不平衡不充分的发展之间的矛盾。党和国家审时度势，深入推进以“三去一降一补”为核心的供给侧结构性改革，党的二十大报告更是明确强调“充分发挥市场在资源配置中的决定性作用”。探讨中国企业境外上市对资本配置效率的影响，明晰其作用机制，对于促进中国实现更高水平、更大范围对外开放，构建双循环格局具有重要意义。

二、研究意义

本书以中国企业为研究对象，深入探究双循环格局下中国企业境外上市对资本配置效率的影响，研究意义突出体现在如下两个方面。

（一）理论意义

1. 为构建双循环格局提供微观理论支撑

从经济学理论视角看，企业是宏观经济运行的微观载体，而企业境外上市兼具“引进来”和“走出去”的属性，是中国对外开放的有机组成部分。构建双循环格局需要在更大的空间范围内优化配置资源，在进一步扩大开放的前提下实现国内和国际经济双循环。本书以中国企业境外上市为切入点，引入高效资本、面对投资者范围扩大、接受境外资本市场监督的视角，分析双循环格局下中国企业境外上市对资本配置效率的影响效果和作用机制。旨在以推动中国企业境外上市的方式为对外开放提供动力，为中国构建双循环格局提供微观层面的理论支撑。

2. 丰富中国企业的资本配置理论

从资本配置理论视角看，现有研究在分析企业行为时多基于“追求利润最大化”视角，将企业视为“追求利润最大化的黑箱”。本书试图将企业的“黑箱”打开，将中国企业境外上市对资本配置效率的影响置于国内国际双循环格局下，将公司治理理论纳入企业资本配置理论的框架，研判双循环格局下中国企业境外上市与资本配置效率之间的逻辑关系。本书研究，对进一步丰富中国企业资本配置理论具有重要的理论价值。

（二）现实意义

1. 推动要素市场化改革进程，为构建双循环格局提供动力

在中国式现代化建设的推进过程中，构建双循环格局的关键在于打通要素流动的堵点，畅通国内和国际经济循环体系。在要素市场中，提高资本配置效率是推进要素市场化改革的核心内容。本书从微观视角出发，在双循环格局下系统研究中国企业境外上市与资本配置效率的因果关系。遵循“以开放促改革”的研究逻辑，将公司治理水平纳入分析框架，旨在借助境外上市倒逼企业完善公司治理，提高公司治理水平，优化配置资本，推动中国要素市场化改革进程。

2. 为双循环格局下中国企业境外上市地点选择提供决策依据

目前，中国企业境外上市的地点以中国香港地区和美国为主。本书在界定资本配置效率内涵的基础上，测算中国不同境外上市地点、不同所有权性质企业资本配置效率。同时，通过构建计量经济模型，实证检验双循环格局下中国企业境外上市对资本配置效率的影响，为双循环格局下中国企业境外上市地点选择提供重要的参考依据。

第二节 国内外研究现状

本书重点研究双循环格局下中国企业境外上市对资本配置效率的影响。本节从双循环格局的相关研究、中国企业境外上市的相关研究、资

本配置效率的相关研究三个方面对相关文献进行梳理。

一、双循环格局的相关研究

2020 年 5 月 14 日，中共中央政治局常委会首次正式提出“构建国内国际双循环相互促进的新发展格局”。党的十九届五中全会明确提出，要加快构建以国内大循环为主体、国内国际双循环相互促进的新发展格局，并以此作为“十四五”规划和二〇三五年远景目标建设的重要内容。从目前已有研究成果看，学者们主要围绕双循环格局的历史起源及内涵、理论、量化分析三个方面展开了相关研究。

（一）双循环格局的历史起源及内涵的相关研究

从已有研究成果看，学者们普遍认为中国提出构建双循环新发展格局并非偶然，是中国经济发展的历史必然要求。从历史渊源来看，自新中国成立以来，经济发展战略经历了三个主要阶段：“经济恢复、内循环为主”“以国际循环为主，带动国内循环”以及“以国内循环为主、国内国际双循环相互促进”（王维平和牛新星，2021）。2020 年中国提出的“双循环”发展战略，承接了 20 世纪 80 年代末提出的“国际大循环”发展理念，其核心在于通过国际循环带动国内循环（高伟和李岳洋，2024）。从历史发展脉络看，自 1987 年王建提出“国际大循环”发展理念以来，中国经济在改革开放战略的加持下实现了迅猛增长。然而，伴随着经济迅猛增长，国际收支失衡、收入差距扩大、产能过剩等问题也逐渐暴露出来。为解决这些问题，2006 年中国“十一五”规划纲要提出要“立足扩大国内需求推动发展”，这标志着经济政策从依赖外部需求转向内部和外部需求协调转变。近年来，随着世界经济深度调整，国际形势不断变化，中国供给侧结构性改革深度推进，2020 年 10 月，党的十九届五中全会正式提出，要加快构建以国内大循环为主体、国内国际双循环相互促进的新发展格局。加快构建双循环新发展格局开始成为学术界关注的焦点（乔治等，2023）。其本质在于提升国内市场的自主性与内生动力，应对全球不确定性冲击（陈全润等，2022）。

从已有研究成果看，构建国内国际经济循环的焦点在于打通要素流动的堵点，畅通经济循环体系。马克思认为，国民经济的正向循环与反向循环都经历了生产、分配、流通、消费四个阶段，二者区别在于是将生产作为起始点，还是将消费作为起始点，两种循环相辅相成，构成完整的国民经济循环体系。依据马克思社会再生产理论，部分学者从经济循环的内部构成视角出发，认为新发展格局的核心是生产、分配、流通、消费环节的循环（王一鸣，2020；黄群慧和倪红福，2021），决定这四个环节循环畅通的前提是供给与需求对接，并认为供需对接是经济循环的本质。此外，部分学者就双循环新发展格局指出，“循环”不是时间维度的周期性波动，而是空间维度上不同环节间的相互影响（朱灏，2023），即经济循环存在空间属性，基于此可以将经济循环体系划分为国内循环与国际循环。当前，中国提出的双循环新发展格局即是从空间范围上区分经济循环。代表性的研究成果包括：徐奇渊（2020）从需求角度出发，将国内循环理解为内需，相应地将国际循环理解为外需；汤铎铎等（2020）基于产品市场和资源供给的视角，将国内循环理解为向国内市场提供产品服务并使用国内生产要素，将国际循环理解为向国外市场提供产品服务和使用国外生产要素。

（二）双循环格局理论的相关研究

从理论分析视角看，目前学术界已提出关于构建双循环新发展格局的多种理论，主要包括政治经济学理论、大国经济发展理论、经济增长理论、国际贸易理论以及“阶段—模式—动力”三维理论（黄群慧，2021）。马克思政治经济学理论强调了经济循环的正向循环和反向循环，该理论为国际循环和国内循环融合提供了理论依据。在大国经济发展理论方面，亚当·斯密、马歇尔、刘易斯等经济学家均指出，内需扩张与经济结构转型是大国经济发展的关键，这与双循环的本质内涵不谋而合（高伟和李岳洋，2024）。

综合来看，目前学术界对双循环新发展格局理论的相关研究主要集中于宏观经济层面（王一鸣，2020；张礼卿，2021），其中最核心的问题可归结为内部需求与外部需求的动态关系（毛中根，2011；金碚，2021）。从国民收入核算公式看，国民收入由内部需求和外部需求决定，其中国内消费、投资和政府购买被视为内部需求（计金标等，2020；李建萍和张乃丽，2014；高慧清和张碧琼，2020），而对外贸易则被看作外部需求（钟腾龙和余淼杰，2020；侯欣裕和孙浦阳，2019）。依照此逻辑，内部需求比例提升通常伴随着外部需求比例的相对下降。在这种分析框架下，贸易依存度的提升则被视为外部需求增加与国际循环扩大，反之则被认为内部需求增加与国内循环扩大（徐桂华，1988；朱立南，1992；戴翔等，2020）。部分学者基于国际分工的分析视角将对外直接投资纳入双循环格局展开分析，认为对外直接投资有助于促进中国参与国际经济合作（章昌裕，2015；张斌，1989）。

（三）双循环格局量化分析的相关研究

随着双循环新发展格局逐步成为学术界关注的焦点，学者们也逐步对双循环发展水平展开量化分析。具体来看，学者们主要基于投入产出模型对国内循环和国际循环进行测度（黄群慧和倪红福，2021；陈全润等，2022；黄仁全和李村璞，2022）。代表性的研究成果包括：黄群慧和倪红福（2021）借助世界投入产出模型对国内国际双循环进行测度。丁晓强和张少军（2022）运用中国省级层面投入产出表，构建了包括集中度指数、依存度指数、竞争优势指数和内卷程度指数的多维度双循环测度指标。与此同时，部分学者运用价值链分解法、非线性模型法等对双循环展开了量化分析，如黎峰（2021）运用了价值链分解法，在梳理国内循环与国际循环内涵与边界的基础上，提出了衡量国家或地区双循环强度量化方法；孙俊等（2021）基于网络关联视角，通过构建非线性模型，探讨了国内大循环中各经济增长动力变量之间的关联性。此外，郑休休等（2022）运用进出口贸易、国内销售和采购数据，分析了国内循环与国际循环的实际运行情况，为经济运行提供了量化分析依据；李敬和刘洋（2022）则从“三循环”视角出发，综合考察了中国国民经济中的省内循环、省际循环与国际循环，拓展了对双循环内部与外部互动机制的理解；陈全润等（2022）从最终需求视角，通过增加值依赖国内和国外最终需求的比例，分析了中国经济在国内循环和国际循环中的参与程度。

二、企业境外上市的相关研究

关于企业境外上市问题最早可追溯至第二次世界大战后，以美国公司选择到美国以外的证券市场上市为研究起点（Howe 等，1987），学术界开始围绕企业境外上市问题展开相关研究。根据已有研究成果，本部分重点从企业境外上市积极影响、企业境外上市消极影响、中国企业境外上市问题三个方面对已有文献进行梳理。

（一）企业境外上市积极影响的相关研究

企业境外上市问题一直是学术界关注的热点问题，关于企业境外上市积极影响的相关研究，学术界主要从财务影响、非财务影响两个方面展开分析。

第一，在财务影响维度，已有研究成果表明，企业境外上市能够带来诸多经济收益，如提高企业资产回报率、市场价值和融资能力（Choi 和 Rajan，1997；Foerster 和 Karolyi，1993）。境外上市通过严格的公司治理机制（Bell 等，2014）和信号传递机制（Francis 等，2010）增强投资者信任，提升公司首次公开发行股票（IPO）的估值，同时有助于企业有效应对汇率波动（Choi，1986），并减少市场分割带来的限制，提高企业回报率（Yagil 和 Forshner，1991）。与此同时，部分研究成果显示，企业境外上市后需要面对境外资本市场，遵守境外资本市场的上市规则，不断提高运行的合规性，最终能够将境外上市初期的“外来性”劣势转化为长期优势（Tupper 等，2018）。如中国企业在中国香港等境外市场上市后，财务管理和盈利能力显著改善（王化成等，2008；高淑华，2014）。此外，境外上市还通过降低资本成本提升企业成长能力，并间接吸引更多外部投资者，分散企业风险，带来财务收益（李光贵，2018；Pownall 等，2014）。

第二，在非财务影响维度，已有研究成果主要围绕境外上市的战略意义展开。代表性的研究成果包括：Peng 和 Su（2014）指出，境外上市不仅扩展了企业的地理范围，还增强了企业在东道国市场获取资源的能力（Khurana 等，2007；Hanink，1985；Pagano 等，2002）。在此基础上，Filatotchev 等（2016）进一步强调，企业境外上市与企业的国际市场经营范围相互依赖、相互强化。与此同时，企业境外上市的非财务影响还突出表现在对企业公司治理水平的影响，学术界普遍认为企业境外上市能够完善公司治理机制（Lel 和 Miller，2008；Chizema 和 Shinozawa，2012），代表性的研究成果包括：吴杰和李向阳（2015）指出，企业境外上市后需要接受东道国的约束，这一行为能够提升公司治理水平；张玉兰和王园园（2017）从风险管理视角评价了中国互联网企业内部控制的有效性，结果显示境外上市有助于提高企业的风险管理水平；陆忠慧（2018）以中国互联网企业为研究对象，研究发现境外上市后，企业获得超预期融资，为其公司治理改善提供了资源支持；此外，Hasan 等（2011）、Herrmann 等（2015）发现，境外上市有助于提高企业国际知名度和信息透明度，扩展产品市场。还有部分研究成果指出，境外上市能够增加公司并购交易、提升企业社会责任（Abed 和 Abdallah，2017；Del Bosco 和 Misani，2016）。综上所述，从企业境外上市的非财务影响看，境外上市能够进一步拓宽国际市场、提高企业知名度、改善公司治理机制。

（二）企业境外上市消极影响的相关研究

整体来看，境外上市为企业带来了诸多发展机遇，但部分研究成果指出企业境外上市也会产生一系列消极影响，如孔宁宁和李书超（2010）发现，企业境外上市不仅不能降低企业融资成本，甚至会对外源融资产生负面影响；梅新育（2011）从信息不对称的视角探究了企业境外上市对公司治理的影响，研究发现企业境外上市会导致公司治理效果不佳，甚至引发股价扭曲和消费欺诈；高淑华（2014）以境外上市互联网公司为研究对象，发现尽管这些境外上市公司收入有所提升，但境外上市会给企业带来更高的成本负担，导致其经营绩效不如境内企业；孔宁宁和秦蕊（2015）通过对民营企业展开分析发现，境外上市前民营企业业绩会显著提升，但境外上市后企业业绩明显下降，不能达到预期绩效增长目标。

（三）中国企业境外上市问题的相关研究

在双循环战略下，境外上市为中国企业融入国际资本市场、提升全球竞争力提供了重要路径。相对而言，中国企业境外上市起步较晚。20 世纪 90 年代初期才开始以境外上市的方式“走出去”，进入境外资本市场（顾颉和张海燕，1999；周瑾，2000；马骥，2006）。纵观中国企业境外上市的历程，可将其划分为两个阶段。第一个阶段是企业单纯以融资为目的的被动境外上市阶段：该阶段企业发展壮大迫切需要资金支持（李英明，2004），但是国内证券市场的资金供给“额度”供不应求（石建勋，2004；冯莉，2006），企业出于生存和发展的需要而被动选择到境外发达证券市场融通资金。第二个阶段是企业为提升公司治理水平主动到境外上市阶段：与境外发达证券市场相比，中国境内证券市场起步较晚，资本市场相对不太成熟，客观上不利于提升公司治理水平。而境外发达资本市场关于企业上市标准、信息披露等诸多方面相较于中国境内资本市场更加规范、严格（易宪容和卢婷，2006；Herrmann 等，2015；李双燕，2013）。中国企业通过到境外发达证券市场上市，能够完善公司治理机制（Ma 等，2008；李培馨等，2012；彭涛等，2020），便于企业更好地“走出去”，参与国际竞争，进而提升企业的知名度并与国际通行标准接轨（田利辉，2006；张建卫，2014）。这一表现在中国加入 WTO 后尤为显著（顾保国，2001；范钛，2005），该阶段可通过企业境外上市的主流理论，如绑定假说、市场分割假说、投资者认知假说、流动性假说和投资者保护假说等得到解释（La Porta 等，1998；Coffee，2002；Chairperson 等，1977；Merton，1987；Mendelson，1986；Doidge 等，2004）。

三、资本配置效率的相关研究

在双循环格局下，优化资源配置，提高资本配置效率是推进中国要素市场化改革的关键，更是推进中国式现代化进程的重要着力点。本部分从资本配置效率内涵、资本配置效率测算方法、资本配置效率影响因素、提高资本配置效率策略四个维度对相关文献资料进行梳理。

（一）资本配置效率内涵的相关研究

资本配置效率是衡量企业和经济体资源优化配置效率的关键指标，其核心在于评估当前资本配置状态与最优配置状态之间的偏差（刘建中，2010）。新古典理论指出，当资本配置达到最优配置状态时，要素价格与边际生产率相等（王争和史晋川，2008）。在现实经济运行过程中，市场滞后、信贷不完善及价格扭曲等问题，导致企业难以达到帕累托最优状态（刘建中，2010），由此使资本配置效率具有多维内涵，且涉及不同层次的分析框架。其中，吕宙（2002）将资本配置效率划分为行业、企业及宏观经济三个层次；魏海港（2004）从企业内部和外部提出资本配置效率广义与狭义的划分；在此基础上，刘赣州（2004）将资本配置效率进一步拓展为微观、宏观和国家三个维度，其中从微观层面看，学者们指出，提高资本配置效率的过程即企业通过高效资本配置实现投资回报最大化的过程（陈德球等，2012）；从宏观层面来看，资本配置效率提升过程即促进资本向高效益产业流动，提高了整体经济运行效率的过程；从国家层面来看，对外贸易、金融发展显著促进了资本配置效率的提高（才国伟，2014）。此外，部分学者从资本配置效率重要性的视角出发界定资本配置效率的内涵，并指出资本配置效率不仅是推动经济集约增长的核心驱动力（韩立岩和王哲兵，2005），更是企业价值创造的源泉。提高资本配置效率是经济体可持续发展的关键。

（二）资本配置效率测算方法的相关研究

随着学术界对资本配置问题研究的逐步深入，国内外学者开始尝试对资本配置效率进行测算。在具体测算方法方面，目前学术界已有研究成果可以归结为宏观测算方法、微观测算方法以及其他方法。

第一，在宏观测算方法方面，Jeffrey Wurgler（2000）提出了弹性系数测算，该方法以分析资本的流动方向为基础完成对资本配置效率的测算。在具体实践过程中，Wurgler（2000）运用国家层面的行业面板数据，包括各行业的投资额和增长率（或生产率），评估资本是否流向了高增长行业。Wurgler 认为，若资本更多地流向增长率较高的行业，即认为资本配置效率较高。结合目前学术界已有研究成果看，该方法已经成为测算分析国家、区域、行业层面资本配置效率的经典方法（黄玖立和范皓然，2016；黄政和刘怡芳，2017）。与该方法类似，在资本配置效率的宏观测算方面，Toh 和 Ng（2002）提出通过直接计算增量资本产出率（ICOR）来测算资本配置效率，经过 20 余年的发展，该方法也已成为测算资本配置效率的经典方法。

第二，相较于宏观测算方法，在微观层面资本配置效率测算呈现出多样化特征。目前，微观层面常见的测算方法即通过企业投资效率的高低来间接表现资本配置效率，围绕该分析思路，学术界形成了以 Richardson（2006）残差效率模型为代表的资本配置效率测算方法和参数与非参数前沿面方法。其中，Richardson（2006）提出的残差估计方法，通过评估企业当前资本配置状态与最优资本配置状态之间的偏差来衡量企业的投资效率，以此衡量企业资本配置效率。在实践过程中，该模型已经得到了广泛认可和应用，刘慧龙等（2014）、杨筝（2017）和衣长军等（2024）均运用该模型对企业资本配置效率进行了测算。另外，A. Charnes 和 W. W. Cooper（1978）提出的数据包络分析法（DEA）是一种经典的非参数前沿面方法，该方法通过衡量研究对象与生产前沿面的距离，评估企业投资效率，并充分考虑投入与产出比和投资效果，目前，该方法已广泛应用在企业资本配置效率测算的测算过程中。与此同时，另一种常用的企业投资效率测算方法为随机前沿分析（SFA），该方法通过计量经济分析估计生产前沿面，并将随机误差和技术非效率项纳入模型，目前该方法已被广泛应用于测算企业资本配置效率。

第三，除上述方法外，还有一些其他方法，如部分学者通过投资－投资机会敏感性模型、计算企业投资回报率（ROA）与资本成本率（WACC）之间的比值与差值等方法测算企业层面的资本配置效率（McLean 等，2012；祁怀锦等，2019；廖志超和王建新，2023）。具体来看，投资－投资机会敏感性模型将企业新增投资作为因变量，将托宾 Q 值作为自变量衡量企业成长性，通过考察企业当前期投资机会与随后一期投资水平是否匹配，测算企业资本配置效率；廖志超和王建新（2023）认为企业投资回报率（ROA）与资本成本率（WACC）之间的比值与差值能够直观地反映企业在使用资本过程中的边际收益和成本差异，以此衡量企业资本配置效率。

（三）影响资本配置效率因素的相关研究

从已有研究成果看，影响企业资本配置效率的因素主要归结于两个方面，即企业内部影响因素和企业外部影响因素。

第一，从企业内部因素看，学术界主要围绕企业内部治理和财务信息质量展开分析。首先，从企业内部治理维度看，学者们主要围绕股权激励、信息不对称、CEO 权力、董事会构成等方面进行分析。代表性的研究成果包括：汪健（2013）指出，股权激励可能加剧公司过度投资行为，降低企业资本配置效率（汪健，2013）；张淳（2009）指出，信息化发展有助于减少信息不对称，降低代理成本，助力提高企业资本配置效率；王茂林（2014）指出，CEO 权力过大会导致企业盲目扩张和非有效投资，不利于企业提高资本配置效率；Beasley（1996）指出董事会作为公司治理机制的重要组成部分，其结构和成员背景均会影响公司决策效能和资本分配，进而影响企业资本配置效率（Sur 等，2013；姜付秀，2009；张耀伟等，2015；武立东等，2016）。其次，从财务信息质量看，学者们认为财务信息质量在一定程度上影响企业资本分配决策（张新民等，2017；程新生等，2012；张悦玫等，2017）。其中，提高企业财务信息质量能够有效缓解融资约束，提高企业资本配置效率（连玉君，2009），财务稳健与财务约束被视为促进投资效益的有效手段，能减少企业投资不足与过度投资（张悦玫等，2017）。

第二，从企业外部因素看，可以将影响企业资本配置效率的因素归结为政策、市场、利率等方面。其中，学术界认为区域市场整合是影响企业资本配置效率的重要机制，通过优化地区制度环境，区域市场整合能够实现企业投资的规模经济效应，提高资本利用效率，降低企业债务和权益资本成本（蔡真和万兆，2023）；与此同时，部分学者指出，经济政策不确定性和金融市场发展水平会对企业投资决策和资本配置效率产生不同程度的影响（饶品贵等，2017；李延喜等，2015；陈德球等，2012）。一方面，经济政策不确定性对资本配置效率有负面影响，导致企业在资金分配上更加谨慎，降低了企业资本配置效率。另一方面，随着金融市场化水平提高、数字金融发展水平提高，市场竞争会随之更加激烈，最终对提高资本配置效率产生正向影响（张安军和叶彤，2022）。此外，在利率市场化层面，杨筝等（2017）发现，利率市场化能够完善资本价格形成机制，调节资本供求关系，抑制非效率投资行为，进而对提高资本配置效率产生正向影响；在政策层面，姜凯和张继武（2023）研究发现，自由贸易试验区的设立，能够促进企业竞争并缓解融资约束，进而影响企业资本配置效率。

（四）提高资本配置效率策略的相关研究

在资本配置效率测算的基础上，学者们提出了提高资本配置效率的策略，概括起来包括六个方面：（1）资本配置效率是衡量金融市场运行效率的主要指标，因此促进金融市场的发展将有助于提高资本配置效率（Goldsmith，1969；陆桂贤等，2016）；（2）加快市场化进程，减少政府对市场的干预，充分发挥市场的资本配置功能以达到提高资本配置效率的效果（马壮等，2016；祁怀锦等，2019）；（3）提高公司治理水平，建立现代企业制度，提高企业核心竞争力（Billett 等，2011；施新政等，2019；程新生等，2020）；（4）降低资本配置中的“逆向选择”和“道德风险”（窦玉明和徐涛，2006；Paul M Healy 等，2001）；（5）推进资本市场发展，减少歧视性融资，降低融资约束（范学俊，2008；钱雪松，2013）；（6）降低信息不对称，缓解代理冲突，节约经济主体间的交易成本（Jensen 等，1976；Myers 等，1984；Levine，1997；李鑫和李香梅，2014）。

四、对现有文献的评价

综上所述，已有研究为本书研究奠定了坚实基础。但是，关于双循环格局的研究多聚焦于内需与外需关系的宏观层面，而探讨企业境外上市与资本配置效率关系的研究相对较少，将中国企业境外上市与资本配置效率的关系置于双循环格局下开展的研究更少。

（一）在理论上，构建国内国际双循环格局需要微观层面的理论支撑

现有关于双循环格局的研究主要集中在宏观经济层面，其最核心的问题可以归结为外部需求与内部需求的关系，鲜有学者从微观层面对国内国际双循环问题进行探讨。企业境外上市是微观层面开放的重要形式，从微观层面促进双循环格局构建，有助于实现更高水平和更大范围的对外开放。本书立足于中国企业境外上市的微观视角，探讨双循环格局下中国企业境外上市对资本配置效率的影响。

（二）在实践中，双循环格局下中国企业境外上市与资本配置效率之间的关系需要客观评价

现有关于企业境外上市的文献多将研究视角锁定于上市导致的公司治理水平提升。关于资本配置效率的研究则集中于在资本配置效率测算的基础上，从制度与政策设计层面提出提高资本配置效率的建议。系统分析企业境外上市与资本配置效率关系的研究较少，在双循环格局下探讨二者关系的研究更少。

（三）在逻辑关系上，双循环格局下中国企业境外上市对资本配置效率影响的机制需要明确

中国企业为实现公司治理水平提升而选择境外上市已在学术界达成

一致意见。在双循环格局下提高资本配置效率是要素市场化改革的重中之重。在双循环格局下，需要探究中国企业境外上市对资本配置效率的影响机制，明确企业境外上市、公司治理与资本配置效率三者的逻辑关系。

第三节　研究内容、方法及创新之处

一、研究内容

本书以中国境外上市企业为研究对象，深入探究双循环格局下中国企业境外上市对资本配置效率的影响。研究共包括七个部分。

第一章为绪论。主要对本书的研究背景、研究意义进行具体分析。在此基础上，根据研究内容从关于双循环格局的相关研究、关于中国企业境外上市的相关研究、关于资本配置效率的相关研究三个方面对相关文献进行梳理。同时对研究内容、研究方法和创新点进行了介绍。

第二章为双循环格局下推动中国企业境外上市的现实意义。首先，本章分析了国有企业、民营企业和中小企业存在的突出问题，并明确了解决中国企业突出问题的解决思路，即引导中国企业有序到境外发达证券市场上市；其次，本章从境外资本市场上市规则、国际投资协定等维度具体分析了中国企业境外上市的外部环境，结合美国证券市场的规则着重分析了中国企业境外上市面临的分歧，明确了双循环格局下推进中国企业国际化经营的必要性；最后，本章结合境外上市是发达国家企业国际化经营的普遍现象、企业境外上市是中国经济高质量发展的关键动力两个方面研判了双循环格局下推进中国企业境外上市的必要性。

第三章为双循环格局下中国企业境外上市对资本配置效率影响的理

论分析。在具体分析过程中，本章首先结合已有研究成果界定了资本配置效率的本质内涵，在此基础上，从内部动因、外部动因和其他动因三个方面分析了企业境外上市的动因；其次，结合绑定假说、市场分割假说、投资者认知假说、流动性假说、投资者保护假说等主流企业境外上市假说，从理论视角分析了企业境外上市对资本配置效率的影响；最后，本章结合企业境外上市的特征，设计出了双循环格局下中国企业境外上市对资本配置效率影响的理论分析框架。

第四章为资本配置效率的测算分析。首先，本章结合已有研究成果对资本配置效率测算方法进行了分析，并结合本书研究内容明确了企业资本配置效率的测算方法；其次，本章构建了企业资本配置效率的测算模型；最后，本章从中国企业境外上市地点、中国企业所有权性质维度，依次从微观视角和宏观视角对企业的资本配置效率展开了具体分析。

第五章为双循环格局下中国企业境外上市对资本配置效率影响的计量分析。本章从计量分析的视角，通过构建计量经济模型实证检验了双循环格局下中国企业境外上市对资本配置效率的影响。分析过程中，本部分从境外上市与境内上市、H 股上市与 A 股上市、N 股上市与 A 股上市、国有企业境外上市与境内上市、民营企业境外上市与境内上市五个维度展开了具体分析，并从过度投资和投资不足的视角作了进一步探究。最后，本章运用剔除特殊年份样本值、控制变量滞后一期处理、安慰剂检验、反事实检验、熵平衡匹配法（EBM）等多种稳健性检验方法，为上述实证研究结论进行了稳健性检验。

第六章为中国企业境外上市对资本配置效率影响的机制分析。本章旨在在得到双循环格局下中国企业境外上市对资本配置效率的影响的基础上，进一步明确中国企业境外上市对资本配置效率影响的机制。结合理论内容，本章首先构建了企业公司治理水平的测算模型，对企业的公司治理水平进行了测算分析，并结合双循环格局下中国企业境外上市对资本配置效率影响的结论，通过构建中介效应模型进一步检验中国企业境外上市对资本配置效率影响的机制。

第七章为推动中国企业境外上市促进双循环格局构建的路径分析。首先，结合实证研究结论，本章从政治、经济、文化等方面分析了中国企业境外上市面临的障碍因素，并重点分析了推动双循环格局构建的着力点；其次，课题选取了巴西、印度 2 个代表性的发展中国家和英国、美国、德国、日本 4 个代表性的发达国家，系统分析了其推进企业境外上市的策略，旨在为推动中国企业境外上市提供经验借鉴；最后，设计出了推动中国企业境外上市促进双循环格局构建的路径。

二、研究方法

（1）文献研究法：通过系统梳理文献资料，界定资本配置效率的本质内涵，分析企业境外上市的动因，构建双循环格局下中国企业境外上市对资本配置效率影响的理论框架。

（2）数理分析法：运用数理分析法，对市场分割假说和投资者保护假说的具体内容展开分析，构建企业境外上市对资本配置效率影响的理论分析框架。

（3）对比分析法：从境外上市与境内上市、H 股上市与 A 股上市、N 股上市与 A 股上市、国有企业境外上市与境内上市、民营企业境外上市与境内上市等维度对比分析资本配置效率差异，以及企业境外上市对资本配置效率的影响效果差异和作用机制差异。

（4）定量分析法：以 Richardson 提出的残差估计方法为基础，测算企业的资本配置效率，对企业资本配置效率进行量化分析。

（5）实证分析法：构建企业资本配置效率测算模型、企业境外上市对资本配置效率的计量模型和企业境外上市对资本配置效率影响的中介效应模型，实证分析企业的资本配置效率、企业境外上市对资本配置效率的影响效果和作用机制。

（6）规范分析法：通过规范分析法，设计出推动中国企业境外上市促进双循环格局构建的路径。

三、创新之处

（一）从微观层面为中国双循环格局的构建提供理论支撑

企业是双循环格局构建的微观载体，双循环的本质就是促进商品、贸易、要素的自由流动，实现经济稳定可持续增长。本书从中国企业发展面临的现实问题出发，从资本配置效率角度，探究中国企业到境外发达的资本市场上市能否提高公司治理水平，提高资本配置效率。从微观视角分析宏观问题，为构建双循环格局提供微观层面的理论支撑。

（二）将企业境外上市理论、公司治理理论与资本配置理论纳入统一的分析框架，完善中国企业改革理论

传统的公司治理理论将研究目标聚焦于公司治理水平提升与治理结构完善，企业境外上市理论起源于对发达国家企业境外上市的分析，资本配置理论最初也源自西方国家。本书将企业境外上市理论、公司治理理论和资本配置理论纳入统一的分析框架，将公司治理水平作为双循环格局下中国企业境外上市对资本配置效率影响的媒介，明确公司治理水平与资本配置效率之间的逻辑关系。本研究将有助于完善中国企业改革理论。

（三）观点创新

推进中国企业境外上市，引入国际资本市场竞争机制，对于提高资本配置效率，构建完善的要素市场化体制机制，更好地实现国内国际双循环极具实践意义。在未来相当长时期内，境内上市不会替代境外上市，即便发达国家之间，企业境外上市仍然是一种普遍现象。作为中国对外开放的有机组成部分，中国企业境外上市将会获得持续发展。

第二章

双循环格局下推动中国企业境外上市的现实意义

2020 年 5 月 14 日以来，中央多次强调要加快形成“以国内大循环为主体、国内国际双循环相互促进的新发展格局”。其中，双循环的本质在于打通产品市场和要素市场的壁垒，促进商品、贸易和生产要素的有序流动，实现中国经济可持续增长。从微观层面看，企业境外上市兼具“引进来”与“走出去”的属性，是中国微观层面对外开放的有机组成部分，更是中国构建国内国际双循环格局下的关键抓手。基于此，本章从中国企业存在的突出问题入手，在解析中国企业境外上市面临外部环境的基础上，分析双循环格局下推动中国企业境外上市的必要性，厘清双循环格局下推动中国企业境外上市的现实意义。

第一节　中国企业存在的突出问题分析

改革开放 40 多年来，中国经济实现了持续高速增长，创造了举世瞩目的奇迹。然而，伴随经济快速发展的同时，中国企业在资本配置方面也暴露出显著的结构性问题。这些问题主要体现在资本配置不合理、低效投资等方面，导致整体经济效率偏低，难以满足高质量发展的需求。

一、国有企业存在的突出问题

在中国经济的发展进程中，国有企业是国民经济发展的重要支撑，是推动中国经济增长的中坚力量（渠敬东等，2009）。然而，随着2008年国际金融危机爆发，国有企业的运营效率出现持续下降的趋势（鲁桐，2019）。根据2007年至2023年《中国财政年鉴》公布的统计数据显示，全国国企总资产报酬率从2007年的6.4%下降至2023年的2.7%，净资产利润率从2007年的12.1%下降至2023年的6.8%。整体来看，中国国有企业存在两个突出问题：预算约束软化和贷款利率偏低。

（一）国有企业预算约束软化

预算约束软化是指在经济活动中，企业，尤其是国有企业面临的财政预算约束并不严格，表现为企业在面临亏损或资金不足时，能够通过政府或上级部门的资金支持、贷款或减免债务等方式获得持续生存的机会。这种现象会导致企业在投资决策中倾向于过度冒险或进行低效率的投资，因为企业不必承担全额的财务后果，政府往往会干预以防止企业破产。

在转轨经济时期，中国国有企业承担了大量维持就业稳定、实现工业化等政策性负担（林毅夫等，2004）。政策性负担的存在使得地方政府会对国有企业给予特殊补助，以补偿由于承担社会责任而导致的经济效益损失，由此产生了软预算约束，如软补贴、软税收、软信贷和软价格管制。

改革开放以来，尽管中国在积极推动市场化改革，践行国有企业“竞争中性”原则，但软预算约束导致的历史遗留问题始终存在。预算约束软化在很大程度上破坏了公平竞争机制。一方面，对于国有企业而言，这种扭曲的激励机制降低资本配置效率，拖累了产出效率。因预算约束软化，国有企业的市场竞争力下降，削弱其参与市场竞争的动机（Berglof 和 Roland，1997），使国有企业的全要素生产率显著低于非国有企业（靳来群，2015）；另一方面，由于国有公司的预算约束软化，使其能够以较低的成本融资。较低的融资成本为控股股东或管理层谋求个人利益提供了机会。受此影响，国有企业投资规模的过度扩张，无效率投资增加，严重扭曲了资本配置。

（二）国有企业贷款利率偏低

长期以来，中国国有企业承担着诸多社会职能，导致其在融资过程中能够享受较低的贷款利率，并享受政府对其发展的多重支持（Lin 和 Tan，1999；Dong 和 Putterman，2003）。由此直接导致了信贷供给扩张，并引发了一系列突出问题。

银行、金融机构普遍认为，政府为国有企业提供了隐性担保，即使国有企业面临财务困境，政府也不会允许其倒闭，这种隐性担保极大地降低了银行向国有企业贷款的信用风险，减少了贷款利率中的风险溢价，使国有企业能够以较低的成本获得资金，这将在很大程度上削弱监管和追责的动机（田利辉，2005）。此外，政府往往会为了推动某些国家战略或产业发展，对国有企业提供特别的政策支持，尤其是在基础设施建设、公共服务以及国家关键行业中。金融机构为了响应国家政策导向，通常会在贷款条件上给予国有企业更多的优惠。

一方面，中国国有企业规模一般较大，其资产基础也相对比较雄厚，财务状况比较稳定，使银行、金融机构对其还款能力具有较大信心，导致银行等金融机构在评估国有企业信用风险时，愿意提供较低的贷款利率（Brandt 和 Li，2003），使国有企业融资成本降低。此外，中国国有企业和银行之间通常存在长期合作伙伴关系，这为国有企业获取低息贷款创造了便利条件，银行基于长期合作的信任，愿意提供更多的贷款优惠。

另一方面，在国家宏观经济调控过程中，政府往往会通过降低利率、放宽信贷条件等方式刺激经济增长。此过程中，国有企业往往会成为获得金融优先支持的对象。为了配合国家经济政策，银行会优先向国有企业提供较低的利率贷款，以推动国家政策目标的实现。随之而来产生的问题，即较低的贷款利率压低了国有企业融资成本，致使其在生产经营过程中高估经济收益而低估经济风险，导致过度投资或低效率投资，降低资本配置效率，进而影响长期经济发展。

二、民营企业和中小企业存在的突出问题

在中国经济发展进程中，民营企业和中小企业已成为推动经济发展的重要力量。但其与中国国有企业却形成了鲜明对比，中国民营企业和中小企业普遍面临“融资难、融资贵”的现实问题。以中国境内 A 股市场为例，A 股市场中民营企业数量已经占据了相对较高比例，但是其融资难度和融资成本远高于国有企业。数据显示，截至 2023 年 9 月末，A 股非金融上市公司累计贷款规模为 17.95 万亿元，其中民营企业的贷款规模仅为4 39 万亿元，占比仅为24.45%。目前，中国民营企业和中小企业存在突出问题主要表现在如下两个方面。

（一）民营企业和中小企业资质欠佳

中国民营企业和中小企业受其生产经营规模的限制，导致其通常缺乏可供抵押的资本，加之受其财务制度不健全的影响，致使银行等金融机构在为其提供贷款时会更加谨慎。例如，在房地产或制造业领域，中国国有企业可以将土地、工厂等大型固定资产作为抵押品，从银行等金融机构获得贷款。相较而言，民营企业和中小企业则会受资产规模小、抵押品不足的限制，增加获取信贷支持的难度。此外，民营企业和中小企业在融资过程，因没有政府的隐性担保，也十分容易受到银行等金融机构的歧视，致使其依赖其他高成本的融资方式，比如信托、民间借贷、商业信用等。这样一来，会使民营企业和中小企业陷入“融资困境”，无形之中加重了民营企业和中小企业的财务负担。

从资金使用维度上看，民营企业和中小企业受“融资难、融资贵”

融资约束的影响，直接导致其在资金使用过程中过度谨慎，致使其无法抓住实现自身跨越式发展的投资机会，错失市场扩展和创新的机会。在实践过程中，民营企业因受融资约束的限制，导致其无法像大企业一样迅速动用资本扩大生产，直接降低了民营企业和中小企业的资本配置效率。

（二）民营企业和中小企业在投资决策上更为保守

随着经济全球化进程向纵深方向挺进，经济发展的不确定性风险不断攀升，加之受信息不对称性的影响，民营企业和中小企业融资过程中面临的“融资难、融资贵”问题频发，使民营企业和中小企业在投资决策的选择上更为保守、谨慎。例如，2020—2022 年新冠疫情期间，诸多中国民营企业特别是中小企业受到巨大冲击，受限于自身的资产规模，且缺乏充足的融资支持，导致其被迫选择更加保守的生产经营策略。其中，相当大规模的一批民营企业和中小企业选择缩减生产规模，推迟市场扩张计划，甚至暂缓进入新市场领域。从企业成长与发展的视角看，这种保守策略的选择在某种程度上助力企业度过暂时的短期危机，却也使其错失了在疫情后迅速占领市场的机会。相比之下，拥有政府支持的国有企业却能迅速获得银行等金融机构的贷款，在市场需求回升时迅速扩大生产和投资，抢占了更多市场份额。

三、中国企业存在问题的解决思路

从微观层面看，企业是促进国内国际双循环新发展格局构建的重要抓手。加快构建新发展格局的关键环节在于，解决中国企业存在的突出问题，打通要素流通的堵点，畅通国内国际经济循环体系。从理论视角看，推进中国企业境外上市是解决中国企业存在突出问题的一种可行思路，具体可以在如下两个方面得到解释。

（一）境外上市能够解决中国企业融资中存在的突出问题

微观经济学资源配置理论指出，在完全竞争市场条件下资源配置将达到帕累托最优状态。Eugene Fama（1970）提出的“资本市场效率理论”（Efficient Market Hypothesis）指出，在法律健全、功能良好、透明度高、竞争充分的股票市场，一切有价值的信息将及时、准确、充分地反映在股价走势当中，其中包括企业当前和未来的价值。由此判定，资本市场的成熟度和透明度在很大程度上影响了企业资源的分配效率。相较而言，中国境外资本市场的成熟度、透明度均显著高于境内资本市场。推进中国企业境外上市既是引入外部竞争机制的过程，也是促进资本自由流动的过程。

从中国国有企业视角看，国有企业到境外上市后，将面对法律更健全、透明度更高、竞争程度更强的国际资本市场，也将面临全球范围内投资者，接受境外资本市场监督。显然，该过程将解决国有企业因境内低贷款利率引致的资本错配问题，也将避免大量资金集中在低效率或无效率的部门。面对国际资本市场中的激烈竞争，中国国有企业需要不断进行技术升级以提高生产率，提高资本配置效率，防止被市场淘汰。

从民营企业和中小企业视角看，中国民营企业和中小企业资产规模有限，缺乏充足的抵押物，信用评级较低，从国内银行等金融机构获取信贷支持的难度较大。推进中国企业境外上市能够拓宽企业融资渠道，境外资本市场为民营企业和中小企业提供了更多的融资机会。伴随着中国民营企业和中小企业到境外资本市场上市，其面临的投资群体范围扩大，融资渠道相较于国内也更加多元化，这将在一定程度上解决中国民营企业和中小企业面临的融资难、融资贵问题。境外上市在为企业带来便捷融资机会的同时，还将促进资本合理有序流动，提高经济运行效率。

（二）境外上市倒逼中国企业完善公司治理机制

公司治理理论表明，企业的治理结构、管理效率会直接影响资本配置效率。相较于中国境内资本市场，境外发达的资本市场对企业有更加严格的要求。境外上市需要企业遵守更高的治理标准，特别是在信息披露、财务透明度和管理效率方面。

从国有企业维度看，中国国有企业境外上市后将面对境外资本市场的外部监督和市场压力，在境外资本市场的监督约束下，中国国有企业会不断完善公司治理机制，提高经营管理效率。国有企业完善内部治理机制的过程，即为不断提高效率的过程，也即为逐渐降低对政府依赖程度的过程。随着国有企业公司治理机制不断改善，其国际竞争力不断提升，对银行等金融机构的依赖程度也随之下降，资本配置效率随之不断提高，国有企业存在的突出问题得以有效解决。

从民营企业和中小企业维度看，民营企业和中小企业境外上市后，其信息披露质量将不断加强。民营企业和中小企业将面对更加独立、更加专业化的董事会和监事会的监督，管理层不作为和追求个人利益行为将得以避免。管理层将做出更符合投资者利益的决策，切实改变民营企业和中小企业投资决策过于保守的局面。最终使公司治理机制改善与资本配置效率提升形成良性互动。

第二节　中国企业境外上市的外部环境分析

前述分析表明，目前中国国有企业存在预算约束软化、贷款利率偏低的问题，民营企业和中小企业存在资质欠佳、投资决策过于保守、融资难和融资贵的问题。在国内国际双循环新发展格局构建过程中，中国企业存在的这些突出问题可以通过境外上市得以缓解。中国企业境外上市后将对标境外证券市场规则、按照通行的国际经济规则开展国际化经营。基于此，本部分重点分析中国企业境外上市的外部环境，具体从以下三个维度展开。

一、中国企业境外上市的主要市场规则

从目前全球资本市场的发展情况看，可以供中国企业境外上市场所众多，如中国香港联合交易所（HKEX）、纽约证券交易所（NYSE）、

纳斯达克（NASDAQ）、伦敦证券交易所（LSE）、新加坡证券交易所（SGX）、澳大利亚证券交易所（ASX）、多伦多证券交易所（TSX）。从目前中国企业境外上市的状况看，在中国香港和美国上市的企业居多。为此本部分重点对比分析中国境内资本市场与中国香港证券市场、美国证券市场的差异。

（一）证券发行核准制度差异

在监管制度与证券发行核准制度上，中国企业境内上市与在中国香港地区和美国上市存在差异。其中，在中国境内证券市场中，证券发行采用核准制与注册制并存的模式，又以注册制为主。这是由于核准制对企业上市和证券发行设置的门槛较高，且该种制度审批程序复杂、等待时间长。受到核准制的影响，中国企业境内上市一度形成了“严进宽管”的局面。而中国企业境外上市地点中国香港地区，实行的是介于核准制与注册制之间的双重存档制，在审核企业信息披露是否充分、准确的同时，要求充分披露风险。在美国，证券发行实行的是完全注册制。企业只需符合一定条件便可上市，且其审批程序简单、效率高，监管制度相对比较完善，能够确保证券顺利发行。目前，中国境内的企业上市模式正逐步向中国香港地区和美国实行的这种“宽进严管”模式转变，使企业的 IPO 过程一般可以在几个月内完成。由此表明，证券发行核准制度的差异直接导致企业上市时间的差异，境外证券市场实行的证券发行注册制能够保证企业以更快的速度利用资本市场融资，有效降低了不确定性风险。

（二）资本市场层次、证券发行方式与发行价格差异

从资本市场层次维度看，资本市场层次越丰富，其对拟上市企业的吸引力也相应越大。首先，从中国境内证券市场的发展情况看，中国境内证券市场于 20 世纪 90 年代起步，至今仅有 30 余年的发展历程，目前中国境内证券交易所仅有上海证券交易所、深圳证券交易所及 2021 年刚刚成立的北京证券交易所 3 家。相较而言，中国香港证券交易所和

美国证券交易所均有近百年的发展史，尤其是美国证券交易所，也已形成多层次的资本市场体系。美国证券市场既包括主板市场（如纽约证券交易所），又包括创业板市场（如纳斯达克市场），还拥有芝加哥期权交易所、洲际交易所等多个世界重要证券交易所，彼此之间共同组成了相互补充的多层次资本市场体系。与此同时，美国资本市场还根据境外企业的需求设计了不同种类的美国存托凭证（ADR），企业可以根据其融资需求、流动性要求及运营状况选择适合的 ADR 类型。多层次的资本市场结构，使美国资本市场成为全球重要的资本市场，并吸引了大量境外企业赴美国资本市场上市。此外，中国境内证券市场与中国香港证券市场、美国证券市场的差异还突出表现为证券发行方式与发行价格的差异。其中，中国香港证券市场和美国证券交易市场证券的发行价格由市场力量决定，企业有自主选择发行新股或存量老股的灵活性，股份的锁定期较短，能够为企业提供了灵活的定价与发行方式，有助于企业根据市场需求快速调整融资策略，增强融资效率。例如，在美国，法规并未对存量股份的锁定期做强制规定，而中国境内证券市场一度对市盈率上限和锁定期进行了严格限制（部分规则下现已放宽）。从企业的视角看，该限制对成长型企业发展具有不利影响。为此，中国境内市场采取了相应措施：科创板、创业板、北交所已取消市盈率限制，实行发行定价市场化；对存量股份的锁定期在注册制下部分规则已经放宽至 36 个月。

（三）上市标准与上市制度差异

在上市标准层面，中国境内资本市场与美国资本市场也存在较大差异。突出表现为，美国资本市场更具创新性、包容性，针对不同类型的企业采取不同的上市标准。首先，在资本运作工具使用上，在美国上市企业表现出较大的灵活性在严格遵守中美双重监管的前提下，可以更灵活地运用各种融资工具。此外，美国市场允许双重股权结构和特殊的合伙人制度。据悉，阿里巴巴在纽约证券交易所上市的最主要的原因在于其同股不同权的合伙人制度。从公司治理视角看，该制度有助于保证公司管理层决策的稳定性。但是，目前中国境内资本市场，仅科创板允许企业采取同股不同权架构。显然，上市标准与上市制度的差异，使境外资本市场的优势明显，境外资本市场为企业提供了更大的公司治理结构选择权，使得企业能够更灵活地运作资本，维持管理层控制力。

二、中国企业境外上市面临的分歧

目前，中国企业境外上市地点主要集中于中国香港证券市场和美国证券市场，而中国企业境外上市面临的分歧主要集中于美国。

（一）中国与美国证券监管分歧

美国资本市场起步早，早在20世纪30年代美国就已针对资本市场交易制度出台了《1933年证券法》和《1934年证券交易法》。这两部法律表示，为便于投资者准确评估投资风险，投资者享受获取投资证券完整、透明的信息的权利，且该项权利受法律保护。美国公众信息披露制度要求上市公司提交经审计的财务报表。此后，《1933年证券法》《1934年证券交易法》成为美国资本市场交易制度的主导法律。然而，安然等会计丑闻事件爆发后，2002年美国政府颁布了《萨班斯—奥克斯利法案》（Sarbanes - Oxley Act，简称SOX法），该法案对在美上市公司的原则作了进一步修正，将其表述为：如果一家公司想在美国公开发行证券，它的审计师必须接受上市公司会计监管委员会（Public Company Accounting Oversight Board，简称PCAOB）的审计质量检查和调查。

2020年5月美国国会参议院批准通过，12月2日获国会众议院表决通过的《外国公司问责法案》（Holding Foreign Companies Accountable Act，简称HFCAA）对外国公司在美国上市再次提出了额外的信息披露要求，该法案规定：美国上市公司会计监管委员会可以入境检查其注册的中国会计师事务所并获取审计底稿，以确保审计质量。该规定与中国2020年3月1日实施修订的新《中华人民共和国证券法》存在矛盾之处，《中华人民共和国证券法》第一百七十七条规定，“境外证券监督管理机构不得在中华人民共和国境内直接进行调查取证等活动。未经国务院证券监督管理机构和国务院有关主管部门同意，任何单位和个人不得擅自向境外提供与证券业务活动有关的文件和资料”①。但在2022年8月，中美签署的《中美审计监管合作协议》中，允许PCAOB在中国境内对在美上市的中国公司的审计机构进行调查和取证。

基于上述分析可以判定，目前中国与美国证券监管分歧主要涉及在美上市的中国企业所聘请的审计机构是否符合美国上市公司会计监管委员会（PCAOB）的监管要求。

（二）美国监管规则的针对性与歧视性

从2020年5月美国参议院通过《外国公司问责法案》的草案，到2020年6月发布《保护美国投资者免受中国公司重大风险的备忘录》，特朗普呼吁在美上市的中国公司“应采取坚定有序行动、叫停中国无视美国透明度要求的行为”，再到2021年SEC发布《外国公司问责法案》实施细则，《外国公司问责法案》及其最终规则已成为美国对中国上市公司监管问题的主要立法工具。从具体内容看，该法案尽管未明确点名中国，但其条款是美国为中国上市公司“量身打造”的法律监管规则，其针对性与歧视性十分明显。其中，部分《外国公司问责法案》及其最终规则内容如表2-1所示。

表2-1　部分《外国公司问责法案》及其最终规则内容

目次	法案内容
第二条	如果发行人公司提交的报告中含有在美国司法管辖区域以外设有分支结构的会计师事务所出具的对财务报表的审计报告，且由于该外国司法管辖区当局所采立场使得美国上市公司会计监管委员会（PCAOB）无法对该企业进行全面检查或调查的，该审计年度将记为一个未检查年度 连续三个未检查年度后，美国证券交易委员会（简称SEC）将根据《萨班斯—奥克斯利法案》禁止该企业在美国的所有场内和场外交易。如果发行人能够证明其已经聘请了符合上市公司会计监管委员会（PCAOB）相关审计准则和标准的会计师事务所，且通过美国证券交易委员会（简称SEC）检查的，将取消交易禁令

① 本社编．中华人民共和国证券法［M］．北京：人民出版社，2020（1）．

续表

目次	法案内容
第三条	外国发行人需就未检查年度在重新制作的审计报告中进行额外披露，包括是否涵盖了未检查年度的审计、外国政府在该企业中的所占股比、外国政府是否对该企业拥有任何控制性财务利益 第四款和第五款要求披露发行人或与有关实体的董事会中是否包括任何中国共产党党员以及发行人公司章程中是否包括任何《中国共产党章程》内容

资料来源：根据熊启跃，赵雪情，邹子昂．美国强化中概股监管的影响效应研究［J］．国际经济评论，2022（05）：115－130以及美国白宫官网、美国证监会官网等相关资料整理。

从表2－1所列示《外国公司问责法案》及其最终规则内容看，《外国公司问责法案》第二条规定，美国上市公司会计监管委员会（PCAOB）对会计师事务所的审查显然具有极大的主观性，若会计师事务所连续三年不能满足美国上市公司会计监管委员会（PCAOB）的检查要求，则会被勒令摘牌。第三条规定显然对中国政治制度具有特定针对性，究其本质其所针对的并非证券监管，而是对中国公司治理体系的歧视。从该部分内容看，《外国公司问责法案》的本质是将证券监管上升到了政治层面，是证券监管的政治化。

此外，美国政府还通过颁布行政法令的方式限制、阻止中国企业赴美国资本市场上市，如《关于保护美国投资者免受中国公司重大风险的备忘录》《解决来自为中国军工企业提供融资的证券投资威胁》《修改13959号行政令——解决来自为中国军工企业提供融资的证券投资威胁》《确认和扩大美国针对设计中国国防和监控科技行业公开上市证券的交易限制》等一系列行政命令均带有明显的针对性与歧视性。如2020年6月4日发布的《关于保护美国投资者免受中国公司重大风险的备忘录》，明确指责中国政府阻止在美上市中国企业遵守美国投资者保护规定；指责中国未能履行对透明度和问责制的国际承诺、拒绝遵守法律对投资者和金融市场造成的风险……

显然，美国始终以跨境监管的名义并试图以“正当”法律武器的旗号阻碍中国企业赴美国上市，干扰中国企业国际化经营进程。

三、中国企业国际化经营的必要性

在推进构建国内国际双循环新发展格局的进程中，促进中国企业境外上市、推进企业国际化经营进程是建设更高水平开放型经济新体制的重要抓手。近年来，《中欧全面投资协定》（Comprehensive Agreement on Investment，简称 CAI）顺利签订，《区域全面经济伙伴关系协定》（Regional Comprehensive Economic Partnership，简称 RCEP）落地生效，中国企业国际化经营迎来了历史新机遇。目前，《中欧全面投资协定》和《区域全面经济伙伴关系协定》已成为涵盖了全球重要的经济体和区域的高水平国际经贸规则。推进中国企业国际化进程的关键，在于对标高水平国际规则。基于此，本部分从上述两个协定入手，系统分析其对企业国际化经营的要求，研判中国企业国际化经营的必要性，为推进中国企业境外上市瞄准方向：

（一）CAI 与中国企业国际化经营

《中欧全面投资协定》（CAI）是一项专注于提升中欧投资环境的高水平国际经贸规则，具体到企业国际化经营层面，其对中国企业市场准入、竞争政策、可持续发展以及投资争端解决等方面作出了具体规定：首先，在市场准入要求方面，《中欧全面投资协定》采用“准入前国民待遇 + 负面清单”模式，这意味着中国企业在进入欧盟市场时，享受与欧盟企业相同的待遇，除负面清单中限制的领域外，其他行业均允许投资。其次，在竞争政策要求方面，《中欧全面投资协定》要求中国企业必须遵守公平竞争原则，特别是国有企业需要按照商业规范参与市场竞争，确保与欧盟企业享有相同待遇。中国企业需要在运营中保持透明，尤其是在技术转让和补贴问题上，避免政府干预和不公平的竞争优势。再次，在可持续发展要求方面，《中欧全面投资协定》要求中国企业在欧盟的投资活动中遵守严格的劳工和环境标准，特别是在生产和社会责任方面，需达到欧盟设定的可持续发展要求。中国企业在环境保护和劳工健康等方面需要符合国际规则。最后，在投资争端解决机制方面，《中欧全面投资协定》提供了更加透明和稳定的投资争端解决机制，要求中国企业在欧盟发生争端时能够通过国际仲裁或新设立的投资法庭途径解决。

从《中欧全面投资协定》对中国企业国际化经营的规定看，中国企业需要在市场准入、竞争政策、可持续发展、投资争端解决方面符合规定。

（二）RCEP与中国企业国际化经营

《区域全面经济伙伴关系协定》（RCEP）的签署为中国企业国际化经营带来了诸多机遇：第一，《区域全面经济伙伴关系协定》的落地实施，旨在以降低关税、减少非关税壁垒、促进贸易便利化的方式，推进企业国际化经营。第二，《区域全面经济伙伴关系协定》明确表示对中小企业给予了特别关注，通过信息共享和合作机制，助力中小企业参与区域贸易和全球价值链。第三，《区域全面经济伙伴关系协定》指出，推进区域内供应链一体化。第四，《区域全面经济伙伴关系协定》对企业环保标准、绿色技术等方面也作出了明确规定，要求企业在区域市场中的合规和可持续经营。

显然，《区域全面经济伙伴关系协定》（RCEP）的落地实施给中国企业国际化经营带来更多的机遇。在《区域全面经济伙伴关系协定》框架下，中国企业可以以较低的成本进入RCEP成员国市场，且该协定也为中国中小企业国际化经营提供了机会。但是，中国企业在国际化经营过程中，需要加强对知识产权的保护，注重技术创新和品牌保护，以避免知识产权纠纷；另外，中国企业在国际化进程中需要加强对环保标准、绿色技术方面的关注，优化供应链管理，提升运营效率。

第三节 双循环格局下推动中国企业境外上市的必要性

从中国企业国际化经营的视角看，《区域全面经济伙伴关系协定》和《中欧全面投资协定》的签订为中国企业国际化经营带来了机遇与挑战。企业境外上市是企业国际化经营战略实施的核心内容。本部分在发达国家境外上市的普遍现象的基础上，对标高水平经贸规则，研判双循环格局下推进中国企业境外上市的必要性。

一、境外上市是发达国家企业国际化经营的普遍现象

企业境外上市是企业参与全球竞争，实现企业国际化经营的重要手段。从世界范围内来看，境外上市是发达国家企业国际化经营的普遍现象。其中，美国、日本、欧洲等国家和地区通过推进企业境外上市拓宽融资渠道，大幅提升企业国际影响力。

（一）境外上市拓宽发达国家企业的融资渠道

从融资理论视角看，通过在多个市场上市，企业可以避免依赖单一市场融资带来的风险。

从具体实践看，许多美国公司不仅在纽约证券交易所（NYSE）上市，还选择赴中国香港或伦敦等其他国际金融中心上市。以此达到吸引全球不同投资者、分散融资风险、提高其资本市场灵活性的效果。受国内资本市场的限制，日本高科技企业倾向于在美国或其他更具流动性的市场上市，从而获得更多的资金支持并促进技术创新。例如，日本软银集团子公司软银移动通过在美国纳斯达克证券交易所上市，实现全球资本市场发行债券，并获取了大量国际资金支持，扩大了其在全球科技投资领域的影响力。德国、法国和瑞士等国家的大型跨国公司选择在纽约

和中国香港地区上市，吸引国际投资者，获得大规模资本支持。例如，瑞士跨国制药公司诺华，通过在纽约证券交易所上市，广泛获取不同地区的资金支持，助力其保持在制药行业的全球竞争力。

（二）境外上市助力发达国家企业提升国际品牌知名度

品牌国际化理论表明，企业通过在具有全球影响力的资本市场上市，不仅能够吸引当地投资者，还能凭借资本市场媒体，进一步扩大品牌国际知名度和影响力。

例如，欧洲企业通过在美国上市，与全球领先企业竞争，能够迅速建立国际声誉，提升全球市场影响力。日本企业在美国纳斯达克或纽约证券交易所上市，这不仅帮助企业获得了美国投资者认可，还进一步提升了其品牌全球知名度。对很多科技公司来说，选择在美国上市意味着其有机会进入全球最大的技术资本市场，并且可以获得技术领域的领先地位。以日本企业丰田汽车为例，丰田汽车于 1999 年在美国纽约证券交易所（NYSE）上市，其不仅吸引了大量的美国投资者，还通过纽约证券交易所的全球影响力提升了其国际品牌知名度，上市后的丰田进一步确立了其作为全球领先汽车制造商的地位，并加速了拓展了其在北美市场的发展。

（三）境外上市有效分散了发达国家企业的经营风险

风险分散理论表明，企业通过在不同市场上市，可以有效分散经营风险，特别是当国内市场存在波动或政策不稳定的情况下。

从发达国家企业发展情况看，发达国家企业往往通过在其他国家市场上市，以达到降低市场波动风险的效果。例如，英国公司常常选择在美国和亚洲市场进行双重上市，一方面能够进一步扩大融资，另一方面可以利用不同国家的税收优惠政策和监管优势实现进一步发展。以英国汇丰集团汇丰银行为例，该银行通过在伦敦证券交易所（LSE）和中国香港交易所（HKEX）进行双重上市，成功实现了风险分散和全球市场的业务扩展。汇丰银行凭借中国香港证券市场在亚洲地区的影响力，抓住了亚洲经济蓬勃发展的机遇，扩展海外业务，避免了依赖单一欧洲市场的局限性。通过双重上市，汇丰银行不仅降低了运营风险，还充分利用了中国香港地区的税收优惠政策广泛拓展亚洲业务，成为全球知名的金融机构。

二、企业境外上市是中国经济高质量发展的关键动力

从中国企业境外上市的外部环境看，美国政府签署试图通过《外国公司问责法案》、行政法令等手段试图阻碍中国企业境外上市的进程，但是其不应该成为中国企业停止境外上市的理由。无论是从国际高水平经贸规则看，还是从发达国家经验看，推进中国企业境外上市应该成为推动中国经济高质量发展的题中应有之义。

（一）境外上市是中国科技创新的关键驱动力

在构建新发展格局的进程中，推进中国企业境外上市是中国微观层面对外开放的重要内容。当前，中国经济正从传统的粗放型增长方式向高质量发展阶段迈进。互联网、数字经济、信息技术、新能源等新兴产业正处于蓬勃发展阶段，已成为经济社会发展的新动力。其中，促进中国新兴产业发展的关键在于推进企业国际化经营，引导中国企业与全球领先技术公司的合作，推动创新和技术升级，而境外上市已成为促进科技创新和数字化转型的关键驱动力。境外上市能够帮助中国企业更好地融入全球科技生态系统，尤其是在技术密集型行业，如人工智能、大数据、5G、区块链等，通过在国际资本市场上市，中国企业可以迅速接触到全球最先进的技术资源和研发网络。例如，中国的科技企业通过在境外发达资本市场上市，不仅能吸引资金，还能参与全球技术前沿创新，缩小与国际科技巨头的差距。以境外上市为抓手，推进中国企业与高端制造、自动化和数字技术领先国家合作，有助于推动中国企业加快科技创新和数字化转型。

（二）企业境外上市倒逼中国企业完善内部治理结构

中国企业境外上市的过程既是中国微观层面对外开放的过程，也是

中国对标国际资本市场规则，参与全球竞争的过程。在双循环格局下，中国企业境外上市将促使企业遵循国际资本市场规则、信息披露要求、合规性要求，这一过程为中国企业完善内部治理结构，提升公司治理水平提供了契机。中国企业在赴境外资本市场上市的过程中，需要面对不同国家和地区的监管要求，适应多元化的监管环境，不断提升应对境外资本市场规则的能力，并按照国际资本市场规则披露信息、完善内部治理机制、提升企业声誉和国际影响力。在境外发达资本市场的监督约束，中国企业境外资本市场的运营能力增强，公司治理水平得以提升。

（三）企业境外上市助力中国全球价值链地位攀升

随着国际生产分工日益精细化，全球产业链、供应链深度融合，企业境外上市已不再仅仅局限于资金筹集，其已成为参与全球价值链重构的重要方式。在双循环格局下，中国企业可以通过境外上市的形式进行国际化经营，整合上游企业和下游企业的资源，提高企业生产的附加值，实现在全球价值链中的地位攀升。从目前中国企业附加值看，诸多企业位于全球价值链低端，为此通过推进中国企业境外到境外发达的证券市场融资，将助力中国企业获取更多高附加值的生产资源。以境外上市的方式推进中国企业与国际市场的深度融入，能够加快其在全球产业链中的角色转变，从以制造和代工为主，转向技术研发、产品设计、品牌营销等高价值环节。

显然，在双循环格局下，推进中国企业境外上市，将有助于企业提高技术创新水平、改善企业内部治理机制、并助力中国全球价值链地位攀升，而这些内容更是中国经济高质量发展的题中应有之义。即在双循环格局下，促进中国企业境外上市是推动中国经济高质量发展的关键动力。

第四节 本章小结

本章从中国企业存在的突出问题分析、中国企业境外上市的外部环境、双循环格局下推动中国企业境外上市的必要性三个维度，分析了双循环格局下推动中国企业境外上市的意义。

其中，中国企业目前存在的突出问题主要包括，国有企业存在预算约束软化、贷款利率偏低的问题；民营企业和中小企业则面临资质欠佳、投资决策过于保守的问题。在此基础上，本章从中国企业境外上市主要市场规则（证券发行核准制度差异、资本市场层次、证券发行方式与发行价格差异，上市标准与上市制度差异）、中国企业境外上市面临的外部分歧（中国和美国证券监管分歧、美国监管规则的针对性与歧视性）分析了中国企业境外上市面临的外部环境，并结合《中欧全面投资协定》和《区域全面经济伙伴关系协定》分析了中国企业开展国际化经营的必要性。最后，本章结合发达国家企业国际化经营境外上市的普遍现象以及企业境外上市是中国经济高质量发展的关键动力两个维度，具体分析了双循环格局下推动中国企业境外上市的必要性。本章认为，在双循环格局下，中国企业境外上市行为是推动中国经济高质量发展的关键动力。

第三章

双循环格局下中国企业境外上市对资本配置效率影响的理论分析

在厘清双循环格局下中国企业境外上市意义的基础上，本章从理论分析的视角入手，构建双循环格局下中国企业境外上市对资本配置效率影响的理论框架。具体分析过程中，本章首先在界定资本配置效率内涵的基础上，结合已有研究成果对企业境外上市的动因进行了分析；其次，从“绑定假说”“市场分割假说”“投资者认知假说”“流动性假说”和“投资者保护假说”入手，厘清了企业境外上市对资本配置效率影响的理论基础；最后，构建了双循环格局下中国企业境外上市对资本配置效率影响的理论框架。

第一节　资本配置效率内涵与相关理论分析

一、资本配置效率内涵界定

“公平与效率”一直是微观经济学所力求实现的目标。经济学理论指出，在一个自由选择的体制中，社会的各类人群在不断追求自身利益最大化的过程中，可以使整个社会的经济资源得到最合理的配置。市场机制实际上是一只“看不见的手”推动着人们往往从“追求个人利益最大化”的动机出发在各种买卖关系中，在各种竞争与合作关系中实现互利的经济效果。交易会使交易的双方都能得到好处。经济学家们认为，完全竞争的市场机制是迄今为止最有效的资源配置方式，在完全竞争市场条件下，资源配置能够达到帕累托最优状态，此时资源配置状态是最具效率的状态。

本书重点研究“资本配置效率”问题，从经济学理论视角看，该问题涉及两个重要的经济学概念。首先，需要明确“资源”与“资本”的关系。对“资源”的定义学术界存在诸多观点，不同研究领域对此分别有不同的定义。在经济学领域，将“资源”定义为“生产过程所需要投入的生产要素”[①]，通常意义上讲，劳动、资本、技术等要素投入构成“资源”，即“资本”是“资源”的一种具体表现形式。从经济学研究视角看，“资源”与“资本”均属于微观经济学的研究范畴。其次，需要明确何为“配置效率”。从经济学理论视角看，在完全竞争市场条件下，市场信息完全透明（不存在信息不对称），当所有的要素充分自由流动，经济达到均衡状态时，经济学中认为资源得到了“有效配置”，即产品市场和要素市场均达到了帕累托最优状态。

本书认为，资本配置效率是包括企业投资、融资、现金流、股利分配等财务活动的综合效率。企业的最优资本配置状态即将资本配置在最优的投资水平和投资结构中。在完全竞争市场结构中，企业的资本配置可以维持在帕累托最优状态，但其仅是一种理想化状态。现实的经济运行过程中，由于信息不对称、公司治理成本等多重因素的干扰，使企业资本错配问题广泛存在于企业之中，降低资本配置效率。

---

① ［英］彼得·蒙德尔．经济学解说［M］．胡代光等译，北京：经济科学出版社，2000.

二、资本配置理论

“如何优化资源配置，使其达到帕累托最优状态”一直是经济学关注的核心议题。经济学理论表明，资源配置达到帕累托最优状态时，任何一种改变都不可能使至少一个人的状况变好而又不使其他任何人的状况变坏。

西方经济学理论中指出，资源配置达到帕累托最优状态时，需要同时满足如下三个条件即：(1) 交换的最优：即商品 X 和商品 Y 在消费者 A 与 B 之间分配时，两种商品的边际替代率相等，即 $MRS_{XY}^{A} = MRS_{XY}^{B}$；(2) 生产的最优：即生产要素劳动 ($L$) 和资本 ($K$) 在厂商 C 和 D 之间的分配满足边际技术替代率相等，即 $MRTS_{LK}^{C} = MRTS_{LK}^{D}$；(3) 交换与生产的最优：即任何两种商品的边际转换率等于它们的边际替代率即 $MRS_{XY} = MRT_{XY}$，即对于不同的消费者而言，任意两种商品的边际替代率相等，对于不同的厂商来说，任意两种产品的边际产品转换率都相等，且边际替代率等于边际产品转换率。

基于上述帕累托最优状态的表述可知，商品的均衡价格可以实现完全竞争产品市场中交换的帕累托最优；要素的均衡价格能够实现完全竞争要素市场中生产的帕累托最优；商品的均衡价格可以实现完全竞争经济条件下交换和生产的帕累托最优，即完全竞争市场是最具经济效率的市场①。即在完全竞争市场条件下，资源配置状态能够实现帕累托最优。

具体到企业资本配置效率的视角看，完全竞争市场只是经济理论中抽象出的一种理想化状态，在现实的经济运行过程中，企业面临的市场绝大多数为不完全竞争市场。在不完全竞争市场条件下，企业的资本配置状态无法达到帕累托最优状态，即企业的资本配置会受到政策干预、

① 具体推导与分析过程，参见高鸿业主编．西方经济学（微观部分）[M]．北京：中国人民大学出版社，2014.

所有制、信贷优惠等多种因素的干扰，扭曲资本价格，形成资本错配现象。在该情况下，引导企业到境外发达资本市场上市，则能够在很大程度上降低本国政策干预、信贷差异等方面的影响，促进企业提高资本配置效率。

第二节　企业境外上市的动因分析

在国内国际双循环新发展格局的构建过程中，推动企业境外上市是中国微观层面对外开放的重要组成部分。本节从既有研究成果出发，从企业境外上市的外部动因、内部动因、其他动因三个维度，深入探究企业境外上市的动因。

一、企业境外上市的外部动因

从已有研究成果看，企业境外上市外部动因可以归结为市场结构和制度两个维度。从市场结构维度看，该视角起源于市场分割理论（Stapleton 和 Subrahmanyam，1977）。根据这一理论，企业在不同或外国股权市场上市是为了利用由东道国金融机构特征（如财务披露要求和金融机会）以及国内监管状态决定的套利机会（Choi，1974；Dufey，1970；Modén 和 Oxelheim，1997；Penzkofer，1969）。例如，在伊斯兰金融产品的背景下，有学者发现市场结构影响资本成本，进而影响企业的外国上市决策（Hearn，Piesse 和 Strange，2012）。因为伊斯兰金融的特殊规则，企业可能会选择资本成本较低、市场结构更为有利的市场进行上市。这表明市场结构是影响境外上市选择的关键因素之一。

从制度维度看，Liao 等（2022）研究表明，国家在公司治理上的改革，从制度层面降低了国内企业遵守国外公司治理标准的成本，并削弱了外国投资者的“本土偏好”，增加了外国投资者对国内企业的投资意愿。这种制度环境的改善进一步推动了国内企业选择境外上市，通过在更加严格的制度框架下增强合法性和国际市场的认可度。并且当企业在决定境外上市时，通常会考虑通过建立制度合法性来缩小与目标市场的经济距离（Peng，2003）。由于不同国家在收入水平、通货膨胀率和贸易强度等经济因素上存在差异（Berry，Guillén 和 Zhou，2010），在一项相关研究中，Bae 等（2013）指出，企业为了适应更加严格的制度环境，往往采取保守的收益报告策略，以此来获得目标市场的认同并克服资本市场中的外来者劣势（Bell 等，2012）。因此，企业通过境外上市，不仅可以进入新的资本市场，还能增强在严格制度环境下的合法性，提升国际市场竞争力。此外，Cheng 和 Schwiebacher（2016）研究发现外国风险投资会推动企业选择境外上市，以期通过融得外汇以及外国资本市场更高的流动性来实现自身的退出与获益（彭涛等，2020），而且直接融得大量外汇可以避开国家的外汇管制政策，满足企业的境外投资目标（程子健等，2017）。因此，境外上市不仅为企业提供了更多的资本运作空间，也在一定程度上成为企业规避国内政策限制、实现国际化发展战略的重要途径。

与此同时，部分实证研究表明，市场条件以及地理、经济、文化和产业距离对企业选择境外上市市场具有重要影响（Sarkissian 和 Schill，2003；Saudagaran 和 Biddle，1995）。企业会根据这些因素评估目标市场的适宜性，如中国香港作为与内地联系紧密的国际金融中心，凭借其地理与文化优势，成为中国企业境外上市的首选目的地之一，为企业实现境外上市、国际化扩展和资本运作提供了理想的支持条件。

二、企业境外上市的内部动因

寻求相对较低的融资成本和公司治理机制改善，是企业境外上市的主要内部动因。首先，从融资成本的视角看，融资需求是企业选择境外上市的主要驱动因素（樊帅等，2007）。代表性的研究成果如汪炜（2003）指出，中国资本市场的融资和再融资制度存在缺陷，市场发展滞后，难以充分满足国内实体经济的融资需求。与此同时，境外交易所（如美国和中国香港）积极吸引中国内地企业上市，甚至在中国内地设立办事处（胡海峰和陈明哲，2016）。由于自有资金难以支持快速发展的需要，许多中国企业通过境外上市进行融资（易宪容和卢婷，2006）。境外资本市场，尤其是美国和中国香港，提供多样化且流动性强的融资平台，使融资更为便捷。Lins 等（2005）指出，与其他市场相比，美国资本市场的融资门槛较低，企业更易获得外部资金。Lou 等（2012）也发现，1993—2010 年，中国企业选择在美国上市，可以获得更高的杠杆效应和股权流动性，进而降低融资成本。此外，研究表明，境外资本市场具有更健全的市场机制，企业能够获得更大规模的融资和更高的估值（廖洪强，2017）。特别是对于高科技企业，境外上市往往带来更高的估值溢价，提升其市场价值和品牌影响力（Hong Li，2020），而中国的多层次资本市场仍难以满足此类企业的融资需求（齐岳等，2019）。

从公司治理机制改善的维度看，学者们从代理理论（Eisenhardt，1989；Jensen 和 Meckling，1976）和契约约束假说（Coffee，1999，2002）出发，探讨了境外上市如何通过提高信息披露要求和降低代理成本，间接保护投资者利益并优化公司治理。Coffee（1999）认为，境外上市的严格信息披露要求能有效减少信息不对称，从而提升公司治理水平。Doidge 和 Karolyi（2004）的实证研究进一步支持这一观点，显示境外市场严格的会计信息披露标准有助于降低代理问题，提升治理效率。对中国企业而言，境外上市不仅增强了投资者对企业治理能力的信任，还吸引了更多国际资本（陈学彬等，2012）。崔胜朝和沈瑞婷（2008）指出，境外证券市场的法律环境、市场竞争及其他外部约束机制，促使企业规范其行为，并推动内部治理结构的优化。不同性质的企业在境外上市时的动机也有所不同。郑志刚等（2023）的研究发现，民营企业主要是为了拓宽权益融资渠道，曹力（2016）基于该研究视角，认为中国民营企业融资困难是比较常见的，而国有企业则希望通过引入战略投资者来规范治理。由于国有企业的特殊所有制结构及政府支持，它们面临的融资约束较少，但境外上市通过外部监督和市场压力，促使其减少低效投资，提升运营效率（Lin 和 Tan，1999；Dong 和 Putterman，2003）。

三、企业境外上市的其他动因

企业境外上市问题是一个相对复杂的内容，境外上市动因也呈现日趋多样化的态势。其中，在全球战略研究领域，也将企业境外上市作为企业国际扩张战略的核心环节（Puck 和 Filatotchev，2018），部分学者将企业在境外市场寻求发展视为企业战略决策中的重要组成部分。Bris（2007）通过比较不同上市地点的企业，发现境外上市不仅能够带来更高的市值，还可以增加自由现金流量。并且较为发达的资本市场通过增强企业的国际影响力，提升消费者对企业产品的认可度，从而帮助企业在产品市场中占据优势并提高利润水平（Bancel 和 Mittoo，2001）。Timothy 等（2008）通过对投资机构关注度和新闻曝光度的分析，发现选择在具有国际影响力的美国资本市场上市的企业，其行业影响力和品牌知名度能够显著提升。与此同时，国内学者对境外上市的战略动因提出了更为丰富的见解，强调境外上市在企业长远发展中的关键作用，代表性的研究成果如李新春（2019）指出，国内企业在制定发展战略时，通常倾向于选择资金环境更为优越的国际市场，这些市场在研发投入、吸引高水平专业人才以及拓展境外市场等方面表现突出。企业通过境外上市能够提升其在国际市场中的知名度，增强企业信用和品牌影响力，从而更有效地开拓海外市场（彭涛，2020）。Xu（2011）通过案例研究表明，境外上市不仅有助于提高企业的国际化水平，而且是企业国际化战略的重要组成部分，同时，境外上市还促进了资本、劳动力、技术等生产要素的跨国流动。王飞（2007）的研究发现，民营企业通过境外上市能够学习先进的技术与管理经验，从而提升企业整体形象，弥补其在技术与创新能力方面的不足。因此，境外上市企业在吸引海外高端人才和开拓国际市场等方面，较本土上市企业更具竞争优势。这一现象也促使企业基于其长期发展战略考虑，选择境外上市（刘嘉琦和李新春，2019）。

第三节　企业境外上市对资本配置效率影响的理论基础

一、绑定假说

La Porta 等（1997，1998）从法与金融的视角出发，将投资者受保护程度与法系结合起来提出了绑定假说（Bonding Hypothesis）。在此基础上 Coffee（2002）和 Stulz（1999）等以在美国上市的非美国企业为样本，通过对这些样本企业上市动机的考察，将其结论概括为“绑定假说”。经过二十余年的发展，“绑定假说”已经成为分析企业上市行为的一种相对完善的理论。

（一）假设条件

通常认为，“绑定假说”的成立需要满足两个基本的假设条件：

（1）公司控制人为理性经济人，其需要在公司发展和掠夺公司资源之间进行权衡。

（2）公司控制人与外部投资者之间存在信息不对称。

（二）理论内容

“绑定假说”认为，美国资本市场对上市企业信息披露质量的要求较高，且其拥有相对完备的监督管理体系，使在美国上市的企业需要受“法律绑定”和“声誉绑定”的制约。

在具体实践过程中，在美国市场上市的非美国企业大多来自相对落后的国家或地区，该部分企业在美国资本市场上市融资即需要符合美国的法律要求，即为“法律绑定”的过程；此外，在发达资本市场的监管要求下，在美国上市的企业需要提高信息披露质量，使公司控制人利用信息对公司的控制能力增强，企业在“声誉绑定”中，促进公司治理水平提升。

（三）理论延伸

由“绑定假说”理论分析可知，企业通过到境外发达市场上市，可以为其带来如下几方面的好处：（1）促进公司治理水平提升和治理结构完善。境外发达证券市场拥有高标准的信息披露质量要求以及完善的监督监管体制，发展相对滞后国家或地区的企业到这些市场上市就必须遵循这些制度安排，即企业境外上市的过程就是其绑定高标准要求的过程。在这一过程中，公司的治理水平显然会得以提升。（2）有效保护中小股东利益。绑定假说将投资者受保护程度与法律体系相结合，在资本市场和证券市场相对发达的境外市场，其法律法规也相对健全。这些将有助于保护中小股东利益，能够对控股股东侵占中小股东的行为进行有效遏制。（3）切实降低代理成本。市场监管体系不健全的国家其监督力度、惩罚措施、信息披露质量均相对较低，由此会导致公司经营管理者作出牺牲公司利益，谋求其自身利益最大化的决策。企业通过到境外监管体系相对完备的国家上市，这一侵占公司利益的行为将得到有效控制。经营管理者私人利益遏制的过程也即代理成本降低的过程。（4）实现以较低的资本成本融资。在境外严格的法律约束和监管机制作用下，企业逐步建立完善的现代企业制度，公司治理水平因此得到稳步提高，竞争力也迅速增强，这将会吸引更多投资者，企业融资成本也会在这一过程中逐步降低，有利于企业实现融资便利化。

二、市场分割假说

关于“市场分割假说”（Market Segmentation Hypothesis）的理论雏形最早可追溯至20世纪70年代，Chairperson等（1977）最早将“市场分割”表述为“市场不完全性”，随后经 Alexander 等（1987）的不断完善，“市场分割假说”理论逐步形成。20 世纪末，Forester 和 Karolyi（1999）将企业境外上市动因归结为“市场分割”，如今“市场分割假说”已经成为分析企业上市行为的一种主流理论。

本书重点研究企业境外上市对资本配置效率的影响，为此本部分参照 Melitz（2008）等的垄断竞争局部均衡模型进行分析。

（一）模型设定

参照 Melitz（2008）、王磊和邓芳芳（2016）等的研究，将效用函数定义为式（3-1）：

$$U = q_0 + \alpha\int_{i\in I} q_i \mathrm{d}i - \frac{1}{2}\eta\left(\int_{i\in I} q_i \mathrm{d}i\right)^2 - \frac{1}{2}\gamma\int_{i\in I} q_i^2 \mathrm{d}i \qquad (3-1)$$

其中，q_0 为计价商品；q_i 表示差异化产品，γ 表示 q_i 之间替代弹性或差异化水平，α、η 表示 q_i 和 q_0 之间的替代性，其中 $i \in I$，$\gamma > 0$，α，$\eta > 0$。根据效用最大化一阶条件，可得关于 q_i 的需求函数，记作式(3-2)：

$$q_i = \frac{\alpha}{\eta N + \gamma} - \frac{1}{\gamma}p_i + \frac{\eta N}{\eta N + \gamma}\frac{1}{\gamma}\bar{p} \qquad (3-2)$$

其中，$\bar{p} = \frac{1}{N}\int_{i\in I} p_i \mathrm{d}i$ 表示所有企业的平均价格水平。当 $q_i = 0$ 时，可以得到价格上限，记作式（3-3）：

$$p_{\max} = \frac{\gamma\alpha}{\eta N + \gamma} + \frac{\eta N}{\eta N + \gamma}\bar{p} \qquad (3-3)$$

对于任意的厂商定价满足 $p_i \leqslant p_{\max}$。

（二）市场分割与企业行为

在资本市场处于分割状态时，根据本书研究内容，可以将资本市场划分为境内资本市场和境外资本市场。

1. 企业在境内市场的生产行为和定价策略

当存在市场分割条件时，境内企业在境内市场的定价策略下不必考虑市场分割的影响，在此情况下将企业的利润函数设定为式（3-4）：

$$\pi=\left(\frac{\alpha}{\eta N+\gamma}-\frac{1}{\gamma}p+\frac{\eta N}{\eta N+\gamma}\ \frac{1}{\gamma}\bar{p}\right)(p-c) \tag{3-4}$$

其中，c 表示企业的边际成本，企业通过价格竞争实现利润最大化目标，企业的最优定价策略为：

$$p=\frac{1}{2}\left[\frac{\gamma_{\alpha}}{\eta N+\gamma}+\frac{\eta N}{\eta N+\gamma}\bar{p}+c\right] \tag{3-5}$$

假定整个行业的平均价格水平为 $\bar{p}$，且该价格水平不受单个企业影响，将式（3－5）分别代入需求函数式（3－2）和利润函数式（3－4）中，可得：

$$q=\frac{1}{2\gamma}\left[\frac{\alpha\gamma}{\eta N+\gamma}+\frac{\eta N}{\eta N+\gamma}\bar{p}-c\right] \tag{3-6}$$

$$\pi=\frac{1}{4\gamma}\left[\frac{\alpha\gamma}{\eta N+\gamma}+\frac{\eta N}{\eta N+\gamma}\bar{p}-c\right]^2 \tag{3-7}$$

令 $\pi=0$，可得边际成本临界值 c^*：

$$\begin{cases}c^*=\dfrac{\alpha\gamma}{\eta N+\gamma}+\dfrac{\eta N}{\eta N+\gamma}\bar{p}\\ \pi=\dfrac{1}{4\gamma}(c^*-c)^2\end{cases} \tag{3-8}$$

企业的生产成本满足 $c\leqslant c^*$，其中 c^* 等于式（3－3）中定义的价格上限 $p_{\max}$，即可以将 c^* 理解为企业是否生产的临界值。如果边际成本大于 c^*，则企业不会生产直接退出市场。

2. 市场分割对企业生产决策的影响

企业在境外市场的生产决策需要考虑市场分割引致的交易成本。本部分参照萨缪尔森提出的“冰山成本”模型，以交易成本度量市场分割程度。

为此，本书将市场分割作为交易成本引入企业利润函数，并假设企业在境外市场每销售 1 单位产品所增加的交易成本为 τc，其中 τ 表示市场分割指数且 $\tau>0$，在该情况下企业在境外市场所面临的边际成本为（$1+\tau$）c。为此，本部分将企业在境外市场的利润函数定义为式(3－9)：

$$\pi = \left(\frac{\alpha}{\eta N+\gamma} - \frac{1}{\gamma}p + \frac{\eta N}{\eta N+\gamma}\frac{1}{\gamma}\bar{p}\right) \times [p-(1+\tau)c] \tag{3-9}$$

本书重点研究企业境外上市对资本配置效率的影响，为简化分析，本部分假定境内市场、境外市场是对称的，即式（3－2）中需求函数在境内市场与境外市场相同。依据式（3－5）至式（3－7）的分析思路，可得企业在市场分割条件下的定价 p_M、产量 q_M 和利润函数 π_M 分别为：

$$p_M = \frac{1}{2}\left[\frac{\gamma\alpha}{\eta N+\gamma} + \frac{\eta N}{\eta N+\gamma}\bar{p} + (1+\tau)c\right]$$

$$q_M = \frac{1}{2\gamma}\left[\frac{\alpha\gamma}{\eta N+\gamma} + \frac{\eta N}{\eta N+\gamma}\bar{p} - (1+\tau)c\right] \tag{3-10}$$

$$\pi_M = \frac{1}{4\gamma}\left[\frac{\alpha\gamma}{\eta N+\gamma} + \frac{\eta N}{\eta N+\gamma}\bar{p} - (1+\tau)c\right]^2$$

令 $q_M=0$，得到市场分割条件下边际成本临界值 c_M 为：

$$c_M = \frac{1}{1+\tau}\left(\frac{\alpha\gamma}{\eta N+\gamma} + \frac{\eta N}{\eta N+\gamma}\bar{p}\right) = \frac{c^*}{1+\tau} < c^* \tag{3-11}$$

因此，企业在市场分割条件下的利润函数可以表示为：

$$\pi = \frac{(1+\tau)^2}{4\gamma}[c_M - c]^2 \tag{3-12}$$

（三）均衡条件

本研究假定企业能够自由进入和退出市场，并假定事前相同的潜在进入企业，需要面对境内和境外两个市场。

在进入市场时，潜在进入企业要先进行前期投资，该项投资在企业决定退出市场时无法收回，即为企业进入市场的沉没成本 s，企业投资后获取相应生产技术即边际成本，服从外生的边际成本概率分布函数 $g(c)$。潜在进入企业在获得 c 的认知后决定生产还是退出。只有当边际成本小于 c^* 时，潜在进入企业才能开始生产并成功进入市场，而其他的潜在进入者直接退出市场，其损失为沉没成本 s，投入沉没成本 s 后的期望收益为 V^e（给定 $c \leq c^*$），自由进入均衡条件要求在达到均衡

时满足 $V^e=0$。为此，可以将产业均衡条件设定为式（3－13）：

$$V^e=\int_0^{c^*}\left[\frac{1}{4\gamma}(c^*-c)^2\right]g(c)\mathrm{d}c+\int_0^{c_M}\left[\frac{(1+\tau)^2}{4\gamma}(c_M-c)^2\right]g(c)\mathrm{d}c-s=0 \tag{3-13}$$

式（3－13）表明，均衡时临界值 c^* 由边际成本分布 $g(c)$、产品差异度、沉没进入成本 s 以及市场分割指数 τ 等变量共同决定。均衡时的边际成本分布为给定 $c\leqslant c^*$ 的条件分布 $h(c)$：

$$\begin{cases}\dfrac{g(c)}{G(c^*)},c\leqslant c^*\\ 0,c>c^*\end{cases} \tag{3-14}$$

（四）比较静态分析

通过比较静态分析，可知边际成本临界值与市场分割之间的函数关系。对于式（3－13），根据隐函数定理和全微分条件得到：

$$\frac{\mathrm{d}c^*}{\mathrm{d}\tau}=-\frac{\partial V^e/\partial\tau}{\partial V^e/\partial c^*} \tag{3-15}$$

$$\begin{cases}\dfrac{\partial V^e}{\partial c^*}=\dfrac{1}{2\gamma}\left[\int_0^{c^*}(c^*-c)g(c)\mathrm{d}c+\int_0^{c_M}(1+\tau)(c_M-c)g(c)\mathrm{d}c\right]>0\\ \dfrac{\partial V^e}{\partial\tau}=-\int_0^{c_M}\dfrac{1+\tau}{2\gamma}c(c_M-c)g(c)\mathrm{d}c<0\end{cases} \tag{3-16}$$

由此可以推出，$\mathrm{d}c^*/\mathrm{d}\tau>0$。根据均衡时边际成本分布式（3－14），市场分割程度越高，均衡时的边际成本临界值越高。由于边际成本与生产率的反比例关系，均衡时生产率临界值越低，企业间生产率差异越大，整体生产率水平越低。

当国际资本市场被“分割”时，企业配置资源的空间将被限制在一国市场范围内，即市场分割不利于在更大的空间范围内优化资源配置，将会弱化市场竞争机制。而企业境外上市的过程，即为市场分割程度降低的过程，这一过程将会“淘汰”低效率企业，实现规模经济，提高均衡时生产率分布临界值，降低企业间生产率差异度，优化资源配置，提高资本配置效率。

三、投资者认知假说

从公司金融理论看，传统的资本资产定价模型（CAPM）假定投资者具有相同的信息。Merton（1987）则认为资本市场的“市场分割”状态客观存在，投资者具有相同信息的假设条件与经济运行的现实情况不符，基于此 Merton 提出了不完全信息条件下的资本市场均衡模型，形成了“投资者认知假说”（Investor Recognition Hypothesis）的雏形，随后 Easley 和 O'Hara（2004）等对该假说做了进一步补充和完善，至今“投资者认知假说”也成为研究企业上市行为的一种重要理论。

“投资者认知假说”认为，市场分割状态的客观存在会导致信息不对称，而信息不对称的存在会导致投资者的个体理性行为，使其在投资过程中偏好于将资金投向自己已掌握充分信息的股票，该个体理性行为会进一步导致股票市场产生“马太效应”，使公司的特定风险无法分散。在此基础上，Merton 等以投资者基数大小作为衡量投资者认知程度的代理变量，指出投资者基数增大，即投资者认知程度提高，可以降低公司资本成本。“投资者认知假说”指出，企业可以选择到境外发达资本市场上市，扩大投资者基数，提高投资者认知程度，进而达到提高公司价值的目的。

在具体实践过程中：首先，企业境外上市的过程即为打破市场分割状态的过程，随着企业到境外资本市场上市，境外媒体对企业的关注程度会随企业境外上市行为的产生而增强（Fang 和 Peress，2009），投资者对企业经营状况的了解渠道和方式因企业境外上市而更加多元化和立体化，该过程能够有效降低信息不对称程度；其次，企业境外上市行为能够扩大投资者基数，提高投资者对企业的认知程度，进而降低企业的特定风险；最后，从公司价值的视角看，企业到境外发达的证券市场上市，能够吸引更多投资者，这一过程能够同步降低企业融资成本，提高公司价值。

四、流动性假说

1986 年 Mendelson 以股票流动性分析视角解释公司上市行为时提出了“流动性假说”（Liquidity Hypothesis），经过近 40 年的发展，该假说已成为分析企业上市行为的系统理论。

在“流动性假说”中，通常以两种股票的买卖差价（bid - ask spread）作为衡量股票流动性的指标。该假说指出，公司股票的流动性与股权成本存在较强的相关性，股票流动性提高能够降低投资者预期报酬和流动性风险溢酬，进一步降低上市公司股权资本成本，提高公司价值。

在具体到企业境外上市的实践中：（1）企业通过到境外资本市场上市打破了资本在国际的流动障碍，两种股票的买卖价差缩小，利用国别地域差异进行套利的风险随之降低，市场运营中的交易成本也相应降低；（2）企业境外上市使得股票流动性增强，这一过程有助于降低股票流动性风险，投资者的预期报酬也因股票流动性增强而降低。由此使公司股权资本成本降低，公司价值提高。需要注意的是，企业境外上市后股票流动性受到宏观、中观、微观多重因素的影响，这会对公司股权资本成本产生影响，但是一般认为到境外发达的证券市场上市能够有效地消除这一不确定性风险，切实起到提高公司价值的效果；（3）企业的融资成本因股票流动性增强而降低。股票流动性增强，投资者的交易成本会相应降低，投资者期望的投资回报率也会同步下降，达到降低公司融资成本的效果。

五、投资者保护假说

与“绑定假说”“市场分割假说”“投资者认识假说”和“流动性假说”相比，“投资者保护假说”（Investor Protection Hypothesis）将研究视角置于投资者在不同市场受保护的程度。相对而言，投资者保护假说是研究企业上市行为的一种新兴理论，该假说的具体内容，可以通过如下模型得以说明。

（一）模型的设定

参照 Doidge（2004）等的研究将目标函数设定为：

$$R = \max t\left(c - tc - \frac{1}{2}as^2pc\right) + sc \tag{3-17}$$

其中，R 表示企业投资者（股东）收益，t 表示控股股东持股比例，s 表示控股股东控制权收益比例，c 为企业现金流，则 tc 为控股股东现金流收益，sc 为控制权收益。根据 La Porta 等的研究，将控股股东为追求控制权私人收益给企业带来的额外损失设定为 $-{}^{1}/_{2}as^2pc$，其中 a 为常数，p 为投资者的保护程度。

控股股东收益达到最大时，则有 $\frac{\partial R}{\partial s} = 0$。即 $-tc - asptc + c = 0$，可得：

$$s = \frac{1-t}{apt} \tag{3-18}$$

将式（3－18）代入式（3－17）中，得到控股股东总收益为：

$$R = tc + \frac{1}{2}\frac{(1-t)^2}{apt}c \tag{3-19}$$

一般情况下，控股股东可以通过建立声誉机制、提高信息披露质量、增加独立董事比例等措施保证其少获得控制权收益，但在投资者保护程度差的国家或地区，上述措施不仅成本高，而且实施难度也较大。而当企业选择到境外资本市场上市时，上述问题则可以得到有效的解决。

假定，企业选择到投资者保护程度高的境外资本市场上市时，其控股股东的总收益为式（3－20）：

$$R' = t(c+w) + \frac{1}{2}\frac{(1-t)^2}{ap_O t}(c+w) \tag{3-20}$$

其中，p_O 为境外市场投资者保护程度（$p_O > p$），w 为企业境外上市带来的价值增加值。

从控股股东的视角看，当企业境外上市的总收益（R'）大于境内上市总收益（R）时，企业会选择到境外资本市场上市，否则，不会作出该项决策。

将$\frac{1}{2}\frac{(1-t)^2}{ap_0t}$定义为$m(p_0)$，$\frac{1}{2}\frac{(1-t)^2}{apt}$定义为$m(p)$，则当控股股东选择到境外资本市场上市时则有：

$$tw+m(p_0)w>[m(p)-m(p_0)]c \tag{3-21}$$

其中，$tw+m(p_0)w$表示企业境外上市后获得的收益，$[m(p)-m(p_0)]c$为境外上市后股东损失的控制权收益。

由此推断，式（3-21）存在一个均衡解w^*记为：

$$w^*=\frac{[m(p)-m(p_0)]c}{t+m(p_0)}=\left[\frac{(p_0-p)(1-t)^2}{2app_0t^2+p(1-t)^2}\right]c$$

当$w>w^*$时，控股股东会选择到境外上市；反之，则不会选择到境外上市。

（二）境外上市对企业价值的影响

国内外相关研究中一般用 Tobin's Q 值作为衡量企业价值的代理变量，通过上述分析可知，企业的价值为$c-sc-\frac{1}{2}as^2pc$。

当控股股东选择不到境外上市时：$Q=c-\left[\frac{m(p)(1+t)}{t(1-t)}\right]c$

当控股股东选择到境外上市时：$Q=c+w-\left[\frac{m(p_0)(1+t)}{t(1-t)}\right](c+w)$

依据 La Porta 等的分析，假设投资者保护程度越高的国家或地区，企业价值越高，且企业增长机会越大。这样，境外上市溢价（记作γ）等于：

$$\gamma=w+\frac{1+t}{t(1-t)}[m(p_0)(c+w)-m(p)c]$$

若$\frac{\partial m(p)}{\partial p}<0$，则$\frac{\partial\gamma}{\partial p}=-\frac{1+t}{t(1-t)}\frac{\partial m(p)}{\partial p}>0$

由于 Q 与现金流和投资者保护程度呈正相关关系，故企业境外上

市溢价 γ 大于零，且有$\frac{\partial\gamma}{\partial p}=-\frac{1+t}{t(1-t)}\frac{\partial m(p)}{\partial p}>0$。由此判定，企业从投资者保护程度弱的国家到保护程度强的国家上市能够提高企业溢价。

（三）结论

通过上述模型的推导，可以得到“投资者保护假说”的基本内容：

第一，对投资者保护程度高的市场更有助于建立企业声誉机制，其中对投资者保护程度高即意味着该市场具有较高的信息披露标准，能够有效解决投资者的信息不对称问题；与此同时，投资者保护程度高的市场也意味着其公司治理体系相对完备，能够确保企业董事会、独立董事与监事会之间形成互相制约、监督的治理体系，即具有促进公司治理水平提升的功效。

第二，当控股股东在投资者保护程度较高的境外市场获得的收益大于境内时，从理性经济人的角度出发，企业在追求“利润最大化”动机的驱动下，会优先选择到境外证券市场上市。

第三，通常情况下，投资者保护程度更高的国家或地区能够为企业带来更高的溢价，企业出于对更高溢价的追求而会选择到投资者保护程度更高的国家或地区上市。

第四节　双循环格局下中国企业境外上市对资本配置效率影响的机理

从公司治理和公司金融理论发展状况看，“绑定假说”“市场分割假说”“投资者认知假说”“流动性假说”和“投资者保护假说”已成为分析企业上市行为的重要理论。加快构建新发展格局的关键在于，在进一步扩大开放的前提下实施国内国际双循环。企业境外上市既有“引进来”的某些特性（引入外国资本），又具有“走出去”的某些特性（企业的决策面对的是境外投资者），更重要的是它引入了外部竞争机制，即需要遵守境外资本市场规则，与外国企业在境外资本市场竞争。如果说‘引进来”和“走出去”更多的是通过产品市场引入了竞争机制，那么境外上市则是通过资本市场引入了竞争机制。

双循环格局下中国企业境外上市对资本配置效率影响的机理可以从如下几个方面得到解释。

一、治理机制改善与资本配置效率提高

从“绑定假说”来看，企业到境外发达证券市场上市的过程可视为“法律绑定”和“声誉绑定”的过程。在新发展格局下，中国企业境外上市后面对的是境外发达的资本市场的经营制度安排、境外投资者、境外资本市场的监督管理体系和信息披露标准。从外部治理机制看，境外发达资本市场具有完备的法律制度体系和良好的法律环境，高效率的产品市场、经理人市场和控制权市场，可为企业开展经营活动提供重要保障；从内部治理角度看，境外发达资本市场对企业股权结构、董事会设置、管理层薪酬、信息披露等方面均有配套的制度要求，在其完善的监督体系和高质量的信息披露标准下，中小股东利益可以得到切实有效的保护，委托代理成本也会同步降低，公司内部治理水平会得到相应的提高。

此外，中国法律制度环境与发达国家相比依然存在较大差距，产品市场、经理人市场、控制权市场的完备性也相对较低；中国境内上市企业存在大股东持股比例过高，董事会“形同虚设”“人情”监事，信息披露制度、标准和质量不足等问题。其中，公司信息披露质量高低直接关系证券市场运行效率，加之受中国证券市场起步较晚的影响，中国境内上市企业资本配置效率明显偏低。中国企业通过到境外发达的证券市场上市，在境外高水平信息披露标准要求下能够切实降低道德风险并解决信息不对称问题，境外完备的制度体系能够倒逼中国企业建立健全董事会、监事会机制，降低股权集中度，敦促其按照境外资本市场规定建

立并完善现代企业制度，达到倒逼中国企业提高公司治理水平，提高中国企业资本配置效率。

二、资本成本降低与资本配置效率提高

“绑定假说”“市场分割假说”和“流动性假说”均从不同角度对企业境外上市会降低资本成本进行了阐释。“绑定假说”认为资本成本降低得益于企业“绑定”境外高标准的信息披露制度导致的竞争力提升和投资者数量增加；市场分割状态被打破，资本在国际自由流动，使得融资渠道和融资方式多元化，并进一步使融资成本降低是“市场分割假说”关于融资问题表述的核心思想；“流动性假说”把资本成本降低的原因归结于股票流动性提高（即股票价格差异缩小），股票流动实现自由化与便利化。

中国股权分置问题在一定程度上导致了中国资本市场与境外发达资本市场“分割”，股票流动性因资本市场分割而受到限制。中国境内上市企业“一股独大”现象导致的投资者数量偏低问题严重削弱了中国企业国际竞争力。直接问题反映在资本配置中即会形成资本价格扭曲，即资本错配。“绑定假说”“市场分割假说”和“流动性假说”三个假说的核心思想为中国企业境外上市促进资本配置效率提高提供了重要的理论基础。一方面，中国企业通过到境外发达的证券市场上市，客观上打通了资本市场的“分割”界限，从而达到助力中国资本市场开放的效果。中国企业境外上市后，需要按照境外资本市场规则运营，资本价格扭曲问题会得到一定程度的解决。另一方面，中国企业在境外高质量信息披露标准要求下，股票流动性逐步增强，股票价格逐渐趋于合理区间。此外，中国企业到境外发达资本市场上市使得投资者置身于立体的监督监管体系下，使其接受市场条件下的投资报酬率，同样会起到降低中国企业融资成本，提高资本配置效率的效果。

三、企业风险分散与资本配置效率提高

“市场分割假说”“投资者认知假说”和“流动性假说”分别从市

场分割弥合、投资者认知程度提升、股票流动性增强的视角阐释了企业境外上市会产生分散企业风险的效果。其中“市场分割假说”和“投资者认知假说”认为，市场分割程度弥合和投资者认知程度提升都会扩大投资者基数，企业风险则因投资者基数扩大而被分散；“流动性假说”则认为企业境外上市会降低流动性风险，企业到发达的境外市场上市可以有效降低融资中的不确定性风险。

从中国企业的现实情况看，中国境内股权分置现象使得中国资本市场与境外资本市场存在较大差异，在一定程度上制约了投资者基数扩大及其认知程度提高，股票流动性也会因此受到影响。这些问题导致的直接后果即为中国境内上市企业竞争力日益削弱，企业的特定风险逐步累积且无法被有效分散，资本配置效率普遍偏低，影响企业的长期发展。“市场分割假说”“投资者认知假说”和“流动性假说”为中国企业分散特定风险、提高资本配置效率提供了重要的理论基础。即中国企业可以选择到境外发达的资本市场上市，扩大投资者基数，实现股东来源的差异化与国际化。与此同时，该过程同样会使得投资者认知程度得到切实有效地提升，股票流动性增强，企业风险被有效地分散。随着上述目标实现，企业资本配置效率得以提高。

四、投资者保护程度提高与资本配置效率提高

从“投资者保护假说”来看，投资者保护程度高的国家或地区有利于企业声誉机制建设，这些国家或地区的信息披露标准、质量一般也相应较高，也同时意味着其董事会与监事会等治理体系相对完备，这将进一步使得企业价值会因投资者保护程度增强而提升。

目前为止，中国对投资者的保护程度与美国、中国香港等境外国家和地区相比仍具有较大差距，仍然处于相对偏低的水平。在中国境内上市企业中具体表现为，中国境内上市企业信息披露标准、范围、质量、内容等方面的国际化程度偏低，企业运营的透明化程度不高。这些差距的存在会严重阻碍企业声誉机制建设，成为扭曲企业资本配置的直接诱

因。加之中国境内董事会与监事会治理体系相对滞后，致使其无法与经理层形成相互有效的监督制约体系，直接产生了中小股股东利益被侵占的行为。根据“投资者保护假说”，中国企业境外上市的过程可以视为投资者保护程度增强的过程，该过程使得中国企业信息披露标准、范围、质量、内容全面与国际资本市场接轨，敦促中国企业按照国际资本市场规则对公司的财务状况、经营成果、风险预警、公司治理等相关信息进行披露，随着该过程实现，控股股东蚕食中小股东利益的行为得到有效遏制；从声誉角度看，中国企业声誉也随对投资者保护程度增强而相应提升。由此可知，中国企业境外上市可以达到完善公司治理、提升企业价值的效果，促进中国企业提高资本配置效率。

通过上述分析，可以得到双循环格局下中国企业境外上市对资本配置效率影响的理论框架如图 3－1 所示。

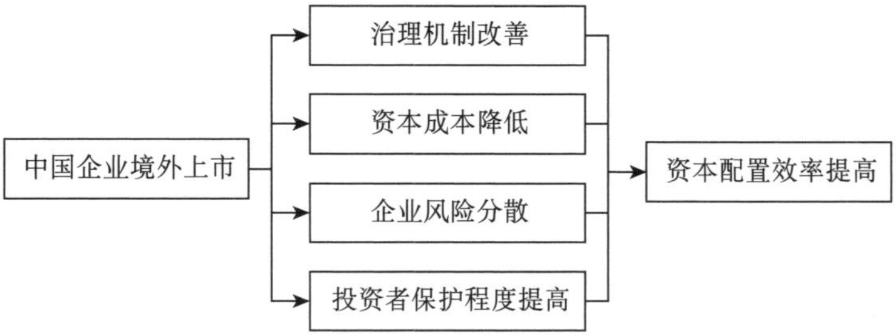

图 3－1 双循环格局下中国企业境外上市对资本配置效率影响的框架

图 3－1 的理论框架表明，中国企业治理机制改善、资本成本降低、风险分散和投资者保护程度提升构成了资本配置效率提高的充分条件。在双循环新发展格局下，中国企业通过到境外发达的资本市场上市能够促进这些条件实现，起到提高资本配置效率的效果。

由中国企业境外上市的发展历程可以看出，起步阶段中国企业境外上市动机大多停留在单纯的融资上，原因是国内证券市场上市的“额度”供应不足。时下，越来越多的中国企业境外上市是为了完善公司治理机制，便于更好地“走出去”，参与全球竞争。其中，公司治理机制改善的过程即为企业治理水平提升的过程，公司治理机制改善意味着企业股权、董事会、监事会、经理层、信息披露、高管激励机制等的不断完善，也相应地意味着企业治理水平提升；从资本成本降低和企业风险分散的角度看，该过程究其本质为股权集中度分散和信息披露水平提升的过程，而投资者保护程度提升的过程也得益于企业境外上市导致的信息披露质量提升。基于此，双循环格局下中国企业境外上市对资本配置效率影响的机理可以更进一步转化为“中国企业境外上市→公司治理水平提高→资本配置效率提高”，如图 3 – 2 所示。

图 3 – 2　双循环格局下中国企业境外上市对资本配置效率影响的机理

通过上述分析，可得“绑定假说”“市场分割假说”“投资者认知假说”“流动性假说”“投资者保护假说”和资本配置理论构成了双循环格局下中国企业境外上市对资本配置效率影响的理论基础，而资本配置效率提高很大程度上得益于境外上市引致的公司治理水平提升。

第五节　本章小结

本章首先分析了资本配置效率的内涵及相关理论，在此基础上结合已有研究成果从外部动因、内部动因、其他动因对企业境外上市的动因进行了分析；其次，本章根据“绑定假说”“市场分割假说”“投资者认知假说”“流动性假说”和“投资者保护假说”五个经典企业境外上市理论假说，厘清了企业境外上市对资本配置效率影响的理论根源；最后，设计出了双循环格局下中国企业境外上市对资本配置效率影响的理论框架。本章得到如下主要结论：

第一，资本配置效率是包括企业投资、融资、现金流、股利分配等财务活动的综合效率。企业的最优资本配置状态即将资本配置在最优的投资水平和投资结构中。

第二，双循环格局下，中国企业境外上市行为兼具“引进来”与“走出去”的属性，推动中国企业境外上市有助于推进新发展格局构建。在双循环格局下，中国企业到境外发达的资本市场上市能够改善企业的公司内部治理与外部治理机制，企业风险和资本成本也会因境外上市行为降低；中国企业境外上市能够提高投资者保护程度。由此判定，双循环格局下中国企业境外上市对提高资本配置效率具有正向影响。

第三，公司治理机制改善、企业风险分散、资本成本降低以及投资者保护程度提高均意味着企业公司治理水平提升。本书认为，双循环格局下，中国企业境外上市对资本配置效率的影响机制遵循“中国企业境外上市→公司治理水平提高→资本配置效率提高”的逻辑关系。

第四章

资本配置效率的测算分析

在双循环格局下，推动新发展格局构建的关键在于打通要素流通的堵点，畅通国内国际经济循环体系。企业是经济运行的微观载体，企业持续健康发展是提振中国经济活力的关键影响因素，而资本是企业扩大再生产的重要资源。准确把握中国境内上市与境外上市资本配置效率的差异，明确资本配置效率的优化方向，有助于推动新发展格局构建，推动中国经济高质量发展进程。

第一节　资本配置效率测算方法选择

资本配置是要素市场资源配置的核心（卢建新，2007；王峰娟和邹存良，2009；刘斌斌，2015），资本对经济发展的重要性，不仅包括量的积累，更应表征为配置效率的提高（王霞等，2021）。1912 年 Schumpeter 正式提出了资本配置效率的概念，学者们普遍认为资本配置效率即为资本从低回报率部门流向高回报率部门的程度（曾五一和赵楠，2007；李云鹤等，2011；王永剑和刘春杰，2011；蒲艳萍和成肖，2014）。

随着学术界对资本配置问题研究的逐步深入，国内外学者开始尝试对资本配置效率进行测算，从既有研究成果看，目前形成了以 Jeffrey Wurgler（2000）的研究为代表的宏观测算方法和以 Richardso（2006）的研究为代表的微观测算方法。

从资本配置效率的宏观测算方法看，Jeffrey Wurgler（2000）提出的弹性系数测算法以资本流动方向为基础对资本配置效率进行测算。以该测算方法为基础，国内外学者从国家、区域和行业层面对资本配置效率进行了测算（韩立岩和王哲兵，2005；方军雄，2006；潘文卿和张伟，2003；黄玖立和范皓然，2016；李青原等，2013；黄政和刘怡芳，2017）。

从资本配置效率的微观测算方法看，以 Richardso（2006）的研究为代表，将企业投资区分为过度投资和投资不足，通过探讨企业预期投资与自由现金流量的关系，对企业资本配置效率进行测算。时下，该方法已成为测算企业资本配置效率的关键方法（徐倩，2014；陈效东，2016；李文文，2020）。代表性的研究成果包括：倪婷婷和王跃堂（2022）、曹杰和刘娟（2021）等均以 Richardso（2006）的方法为基础，对企业的资本配置效率进行了测算。

与此同时，在微观测算资本配置效率的已有研究成果中，以托宾 Q 值衡量企业资本配置效率亦是一种经典方法。Tobin（1969）认为当市场有效时，托宾 Q 值能够比较准确地识别和判断企业的投资机会，衡量企业的资本配置效率。以此为基础，陈德球等（2017）以托宾 Q 系数分析资本边际效率，衡量企业的资本配置效率；此外，还有部分学者用投资对托宾 Q 的敏感性来测算企业层面的资本配置效率（王霞等，2021；Mclean 等，2012；于文超和何勤英，2013）。

从既有研究成果看，无论是从宏观层面还是从微观层面测算资本配置效率，其核心内容始终以经济学核心理论为支撑。本书重点研究双循环格局下中国企业境外上市对资本配置效率的影响，即需要从微观层面对中国企业的资本配置效率进行测算。本书认为，相较于以托宾 Q 值衡量企业资本配置效率，Richardso（2006）的测算方法更具代表性，且该方法将托宾 Q 值作为解释变量同步纳入了测算过程。基于此考量，本书以 Richardso（2006）的方法为基础，对中国企业的资本配置效率进行测算与评价。

第二节　资本配置效率测算模型构建

一、测算模型构建

依据资本配置效率的内涵，本书以 Richardon（2006）衡量公司投资效率的方法为基础，结合李文文（2020）、陈效东（2016）和徐倩（2014）等的研究建立模型，测算中国上市企业的资本配置效率，记作模型（4-1）：

$$Inv_t = a_0 + a_1 Growth_{t-1} + a_2 Lev_{t-1} + a_3 Cash_{t-1} + a_4 Age_{t-1} + a_5 Size_{t-1} + a_6 Ret_{t-1} + a_7 Inv_{t-1} + \sum Industry + \sum Year + \varepsilon \quad (4-1)$$

其中，Inv_t 表示 t 年公司的实际新增投资支出 = 资本性支出 + 投资增加 - 出售固定资产收到的现金 - 投资减少 - 其他投资活动产生的现金流量净额；

$Growth_{t-1}$：$t-1$ 年公司的成长机会，用托宾 Q 表示；

Age_{t-1}：$t-1$ 年公司年龄，用（当年年份 - 上市年份 +1）的对数表示；

Lev_{t-1}：$t-1$ 年公司的财务杠杆率，用资产负债率表示；

$Cash_{t-1}$：$t-1$ 年公司的现金流状况，用经营活动产生的现金流量净额/年初总资产表示；

$Size_{t-1}$：$t-1$ 年公司的资产规模，用总资产的自然对数表示；

Ret_{t-1}：$t-1$ 年公司的股票收益率，用（当期股票市值 - 上期股票市值）/上期股票值表示；

Inv_{t-1}：$t-1$ 年的新增投资支出；

$\sum Industry$：行业虚拟变量，根据中国证监会 2012 行业分类标准，制造业“C”字头代码取 2 位，其他行业取 1 位，进行行业分类；

$\sum Year$：年份虚拟变量；

ε：模型估计的残差。

对模型（4－1），分年份进行 *OLS* 回归，求取模型残差，残差的绝对值即可表示企业实际资本支出与理想状态的偏离程度。为了便于实证结果的系数解读，本书参照周茜（2020）等的研究，将该变量乘以－1，得到企业的资本配置效率（*Einv*），*Einv* 越大说明公司资本配置效率越高。

二、数据与指标说明

本书重点研究双循环格局下中国企业境外上市对资本配置效率的影响，依据研究内容本书选取了 696 家中国境外上市企业，上市地点主要集中于美国和中国香港；同时依据研究内容匹配了 1138 家中国境内上市企业作为对照组。其中，中国境外上市企业的数据来源于万得（Wind）数据库，境内上市企业数据来源于国泰安（CSMAR）数据库。同时，本书借助同花顺等股票数据查询软件，并依据企业年报和相关财务数据对部分缺失值进行补充，剔除了金融类、ST 和 *ST 类等非正常交易状态的样本，本书选取的时间维度为 2009—2023 年。其中，模型（4－1）中所涉及的主要变量的描述性统计分析如表 4－1 所示。

表 4－1　　主要变量的描述性统计分析

变量	观测值	均值	标准差	最小值	最大值
Inv_t	12532	0.055	0.138	－11.500	1.100
$Growth_{t-1}$	12532	1.540	2.148	0.022	106.100
$Cash_{t-1}$	12532	0.052	0.108	－1.977	2.930
$Size_{t-1}$	12532	3.937	1.683	－2.008	9.688
Age_{t-1}	12532	2.249	0.723	0.000	3.912
Ret_{t-1}	12532	0.207	0.868	－0.914	18.750

续表

变量	观测值	均值	标准差	最小值	最大值
Lev_{t-1}	12532	0.486	1.614	0.008	178.300
Inv_{t-1}	12532	0.059	0.140	-11.500	1.100

第三节　资本配置效率测算结果分析

依据第二节中企业资本配置效率的测算方法，可得2009—2023年中国境外上市与境内上市企业的资本配置效率测算结果。本节以此为基础，对资本配置效率的测算结果进行分析。在分析过程中，本节从横向、纵向两个维度展开，其中在横向维度上，本部分求取2009—2023年中国境外上市与境内上市企业资本配置效率的算术平均值，衡量各个企业资本配置效率；在纵向维度上，通过求取2009—2023年中国境外上市与境内上市各年度各企业资本配置效率的平均值，得到中国境内、境外、中国香港（H股）、美国（N股）各上市地点的资本配置效率[①]。

在分析资本配置效率的过程中，本节从上市地点维度和企业所有权性质维度展开，并从微观和宏观两个视角对资本配置效率的测算结果进行具体分析。

一、资本配置效率上市地点维度分析

（一）微观视角

中国境内上市与境外上市企业资本配置效率排名居前30位和后30

① 本书所提及的企业境外上市为境外上市整体视角，其主要包括在中国香港资本市场上市和美国资本市场上市。在中国香港资本市场上市也称为H股上市，在美国资本市场上市包括在纽约交易所或纳斯达克交易所上市，在本书具体分析过程中不作具体区分，统称为美国上市或N股上市。

位的企业情况如表 4－2 所示。

表 4－2　中国境内上市与境外上市企业资本配置效率排名情况

境内上市企业				境外上市企业			
前 30 位		后 30 位		前 30 位		后 30 位	
股票简称	均值	股票简称	均值	股票简称	均值	股票简称	均值
武商集团	－0.0006	德艺文创	－0.1683	中国铁塔	－0.0070	鑫苑服务	－0.1341
卓胜微	－0.0009	国城矿业	－0.1709	维港环保科技	－0.0076	东方甄选	－0.1388
马龙	－0.0018	森霸传感	－0.1736	骇维金属加工	－0.0083	MI 能源	－0.1429
川化	－0.0020	星星	－0.1752	山东黄金	－0.0083	群达科技	－0.1453
丽尚国潮	－0.0029	奥飞数据	－0.1756	稀美资源	－0.0085	汇森股份	－0.1471
水发燃气	－0.0033	声光电科	－0.1771	沧港铁路	－0.0089	新东方－S	－0.1491
振静股份	－0.0049	睿智医药	－0.1774	合生创展集团	－0.0099	金铉品旅	－0.1522
康达	－0.0050	快乐购	－0.1798	中国能源建设	－0.0105	卓越教育集团	－0.1533
建新矿业	－0.0055	海特生物	－0.1827	北京汽车	－0.0107	优点互动	－0.1539
四川湖山	－0.0055	英派斯	－0.1868	北京北辰实业	－0.0107	亚洲时代	－0.1541
明德生物	－0.0058	泉峰汽车	－0.1874	大唐新能源	－0.0107	META DATA LIMITED	－0.1543
双环	－0.0061	罗普	－0.1890	移卡	－0.0110	火岩控股	－0.1556
大唐	－0.0076	英科医疗	－0.1929	华润万象生活	－0.0116	箩筐技术	－0.1579
安集科技	－0.0091	祥龙	－0.1934	佳辰控股	－0.0117	华夏博雅	－0.1609
金顶	－0.0091	惠城环保	－0.1943	大唐环境	－0.0120	明大嘉和	－0.1622
南网储能	－0.0093	新华龙	－0.2021	扬子江	－0.0123	联众	－0.1664
西北化工	－0.0102	瀚叶	－0.2056	贝壳	－0.0123	畅捷通	－0.1672
山鹰国际	－0.0110	辉丰	－0.2074	元邦地产	－0.0125	同仁堂国药	－0.1693
毅昌	－0.0113	中科云网	－0.2079	中国海外宏洋集团	－0.0126	第九城市	－0.1727
药明康德	－0.0116	科思股份	－0.2104	中国铁建	－0.0134	CASI PHARMACEUTICALS	－0.1770
鲁置业	－0.0123	汇通	－0.2143	中国交通建设	－0.0136	中广核矿业	－0.1771
金开新能	－0.0140	兴业	－0.2164	京东集团－SW	－0.0138	兴业物联	－0.1772
鲁商置业	－0.0141	黑牛食品	－0.2168	达力集团	－0.0143	和黄医药	－0.1878
回天胶业	－0.0142	仰帆	－0.2554	温岭工量刃具	－0.0144	万春医药	－0.2014
九洲电气	－0.0143	云城	－0.2701	中电光谷	－0.0149	安博教育	－0.2036
胜尔	－0.0149	赛格三星	－0.2809	TCL 电子	－0.0149	齐鲁高速	－0.2094
创兴	－0.0156	热景生物	－0.3002	中国同辐	－0.0150	再鼎医药	－0.2173

续表

境内上市企业				境外上市企业			
前 30 位		后 30 位		前 30 位		后 30 位	
股票简称	均值	股票简称	均值	股票简称	均值	股票简称	均值
钱江	-0.0157	中简科技	-0.3168	立德教育	-0.0151	好未来	-0.2207
岩石股份	-0.0160	巴士	-0.3210	天瑞汽车内饰	-0.0151	泡泡玛特	-0.2485
东力	-0.0164	联建	-0.3364	福田实业	-0.0153	远洋服务	-0.2713

注：鉴于篇幅所限，企业未能全部列出。

从境内上市企业来看，中国境内上市资本配置效率最高的企业为武商集团，其2009—2023年资本配置效率的均值为-0.0006，其次为卓胜微（-0.0009），第三位为马龙（-0.0018），东力、岩石股份和钱江的资本配置效率分别以-0.0164、-0.0160和-0.0157居第30位、第29位和第28位。从境内上市资本配置效率居后30位的企业来看，其资本配置效率位于［-0.3364，-0.1683］的区间范围内，联建、巴士和中简科技分别以-0.3364、-0.3210和-0.3168的均值在境内上市企业资本配置效率排名中居后三位。

从境外上市企业资本配置效率测算情况看，中国铁塔、维港环保科技、骇维金属加工3家境外上市企业的资本配置效率最高，分别为-0.0070、-0.0076、-0.0083。立德教育、天瑞汽车内饰、福田实业三家企业2009—2023年资本配置效率的均值分别为-0.0151、-0.0151和-0.0153，其资本配置效率在中国境外上市企业中排名分别为第28位、第29位和第30位。此外，从资本配置效率排名居后30位的企业看，其资本配置效率值位于［-0.2713，-0.1341］的区间范围内，远洋服务的资本配置效率最低，为-0.2713，其次为泡泡玛特-0.2485。

对比分析中国境内上市与境外上市企业的资本配置效率可知：（1）从资本配置效率居前30位的企业看，境内上市企业与境外上市企业资本配置效率的差异并不明显，资本配置效率排名前26位的境内上市企业中，除金开新能外，其他25个企业的资本配置效率高于境外上市企业；自第 27 位开始，境外上市企业的资本配置效率开始明显高于境内上市企业。（2）相较于境内上市企业，境外上市企业间资本配置效率的差距明显低于境内上市企业，其中境内上市企业资本配置效率位于［-0.3364，-0.0006］的区间范围内，而境外上市企业的资本配置效率位于［-0.2713，-0.0070］的区间范围。

（二）宏观视角

在测算得到中国境内上市与境外上市企业资本配置效率结果的基础上，进一步根据上市地点划分，取各年度各企业的资本配置效率测算结果的平均值，得到境内上市、境外上市、H 股上市、N 股上市企业资本配置效率的测算结果如表 4-3 所示。

表 4-3　2009—2023 年中国企业不同上市地点资本配置效率测算结果

年份	境内	境外	H 股	N 股
2009	-0.0551	-0.0576	-0.0584	-0.0372
2010	-0.0565	-0.0600	-0.0598	-0.0624
2011	-0.0515	-0.0567	-0.0576	-0.0473
2012	-0.0463	-0.0479	-0.0477	-0.0502
2013	-0.0587	-0.0525	-0.0513	-0.0661
2014	-0.0547	-0.0512	-0.0484	-0.0850
2015	-0.0649	-0.0478	-0.0471	-0.0561
2016	-0.0695	-0.0559	-0.0552	-0.0571
2017	-0.0600	-0.0579	-0.0577	-0.0659
2018	-0.0557	-0.0537	-0.0529	-0.0606
2019	-0.0544	-0.0474	-0.0473	-0.0491
2020	-0.0625	-0.0468	-0.0444	-0.0659
2021	-0.0704	-0.0546	-0.0496	-0.0899
2022	-0.0706	-0.0562	-0.0476	-0.1132
2023	-0.0598	-0.0442	-0.0435	-0.0514

从 2009—2023 年境内上市企业与境外上市企业资本配置效率的变动趋势情况看，二者均存在一定程度的波动（见图 4-1）。其中，2009—2012 年中国境内上市企业的资本配置效率略高于境外上市企业，

2009 年境内上市与境外上市企业的资本配置效率分别为 –0.0551 和 –0.0576，2012 年二者分别为 –0.0463 和 –0.0479；2013 年开始，中国境外上市企业的资本配置效率开始高于境内上市企业，该年度境外上市与境内上市企业的资本配置效率分别为 –0.0525 和 –0.0587，2022 年二者分别为 –0.0562 和 –0.0706，2023 年境外上市与境内上市企业的资本配置效率分别提高至 –0.0442 和 –0.0598。综合来看，中国境外上市企业的资本配置效率明显高于境内上市企业。

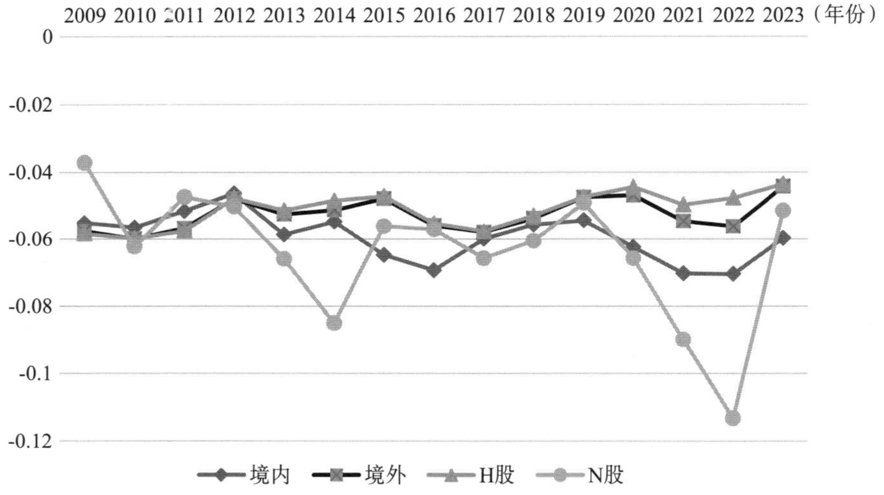

图 4–1　2009—2023 年中国境外上市与境内上市企业资本配置效率

更进一步，本书将境外上市企业依据其境外上市地点分为 H 股上市和 N 股上市企业。其中，2009 年 H 股上市与 N 股上市企业的资本配置效率分别为 –0.0584 和 –0.0372，N 股上市企业的资本配置效率显著高于 H 股上市企业，2010 年 H 股上市企业的资本配置效率（–0.0598）则明显高于 N 股（–0.0624），2011 年 H 股与 N 股上市企业资本配置效率的高低再次改变，N 股高于 H 股；自 2013 年起，H 股上市企业的资本配置效率开始明显高于 N 股，该年在两地上市企业的资本配置效率分别为 –0.0513 和 –0.0661，2023 年 H 股上市与 N 股上市企业的资本配置效率分别为 –0.0435 和 –0.0514。综合来看，2009—2023 年中国 H 股上市企业的资本配置效率的变化范围为［－0.0598，－0.0435］，而N股上市企业资本配置效率的变动区间为［－0.1132，－0.0372］，显然H股上市企业的资本配置效率变动幅度较小，而N股上市企业资本配置效率的波动幅度较大（见图4－1）。此外，2009—2023年H股上市企业的资本配置效率基本呈逐年提升的态势。

二、资本配置效率企业所有权性质维度分析

依据中国上市企业的所有权性质，本部分将中国境内上市与境外上市企业划分为国有企业和民营企业，对其资本配置效率状况展开进一步分析。

（一）国有企业

1. 微观视角

表4－4为中国境内上市与境外上市国有企业资本配置效率居前30位和后30位的企业状况。

表4－4　中国境内上市与境外上市国有企业资本配置效率排名情况

境内上市国有企业				境外上市国有企业			
前30位		后30位		前30位		后30位	
股票简称	均值	股票简称	均值	股票简称	均值	股票简称	均值
武商集团	－0.0006	广东甘化	－0.1073	中国铁塔	－0.0060	五矿资源	－0.0654
马龙	－0.0018	合众思壮	－0.1077	中粮家佳康	－0.0072	首都信息	－0.0655
川化	－0.0020	涪陵电力	－0.1085	中国通商集团	－0.0076	山高新能源	－0.0662
丽尚国潮	－0.0029	银泰黄金	－0.1087	山东黄金	－0.0083	兴业控股	－0.0665
水发燃气	－0.0033	万方发展	－0.1101	福田实业	－0.0095	大陆航空科技控股	－0.0677
四川湖山	－0.0056	广电网络	－0.1103	中国能源建设	－0.0105	日照港裕廊	－0.0683
双环	－0.0061	地矿	－0.1103	北京汽车	－0.0107	中化化肥	－0.0684
华神集团	－0.0064	城发环境	－0.1134	北京北辰实业股份	－0.0107	中国中药	－0.0695
大唐	－0.0076	鲁商发展	－0.1135	大唐新能源	－0.0107	大全新能源	－0.0713
南网储能	－0.0093	迪瑞医疗	－0.1155	中国海外宏洋集团	－0.0113	凯盛新能	－0.0714
甘化	－0.0096	力合股份	－0.1164	华润万象生活	－0.0116	中信资源	－0.0717

续表

境内上市国有企业				境外上市国有企业			
前30位		后30位		前30位		后30位	
股票简称	均值	股票简称	均值	股票简称	均值	股票简称	均值
西北化工	-0.0102	华能水电	-0.1187	大唐环境	-0.0120	阳光控股	-0.0786
沱牌舍得	-0.0121	力源液压	-0.1195	深圳控股	-0.0134	首创环境	-0.0794
鲁置业	-0.0123	博创科技	-0.1226	中国铁建	-0.0134	中核国际	-0.0808
金开新能	-0.0140	博雅生物	-0.1265	中国交通建设	-0.0136	中石化冠德	-0.0821
鲁商置业	-0.0141	洛玻	-0.1298	中电光谷	-0.0149	华润医疗	-0.0823
天宏	-0.0170	启迪古汉	-0.1444	TCL 电子	-0.0149	洛阳钼业	-0.0900
中国玻纤	-0.0177	恒润股份	-0.1455	中国同辐	-0.0150	粤海置地	-0.0916
锦江投资	-0.0180	北磁	-0.1543	中国海外发展	-0.0153	华显光电	-0.0926
福蓉科技	-0.0190	华塑	-0.1556	保利置业集团	-0.0165	长虹佳华	-0.0926
三泰控股	-0.0200	南纺	-0.1572	航天控股	-0.0166	BRILLIANCE CHI	-0.0971
沈机	-0.0204	北清环能	-0.1574	联泰控股	-0.0166	中广核新能源	-0.0981
金宇车城	-0.0206	劝业	-0.1584	中国中铁	-0.0174	同方友友	-0.1078
华谊集团	-0.0209	祥龙	-0.1621	水发兴业能源	-0.0176	华发物业服务	-0.1279
昊华科技	-0.0210	北能	-0.1669	华电国际电力股份	-0.0187	长城环亚控股	-0.1314
长城开发	-0.0220	河化	-0.1700	华润置地	-0.0188	北京能源国际	-0.1377
建机	-0.0223	声光电科	-0.1771	中国建筑兴业	-0.0188	中电华大科技	-0.1417
长投	-0.0223	快乐购	-0.1798	中国中车	-0.0195	同仁堂国药	-0.1693
烟台氨纶	-0.0225	云城	-0.2701	华能国际电力股份	-0.0201	中广核矿业	-0.1771
丹科	-0.0226	赛格三星	-0.2809	兴发铝业	-0.0203	齐鲁高速	-0.2094

注：鉴于篇幅所限，企业未能全部列出。

从境内上市国有企业的资本配置效率情况看，居前3位的企业分别为武商集团、马龙和川化，其2009—2023年资本配置效率的均值分别为-0.0006、-0.0018和-0.0020；与此同时，长投、烟台氨纶、丹科3个境内上市国有企业分别以-0.0223、-0.0225、-0.0226的平均资本配置效率居第28位、第29位和第30位。从资本配置效率居后30位的境内上市国有企业来看，其资本配置效率位于［-0.2809，-0.1073］的区间范围内，其中，赛格三星、云城、快乐购3个境内上市国有企业的资本配置效率最低，分别为-0.2809、-0.2701、-0.1798。

从境外上市国有企业的资本配置效率看，中国铁塔、中粮家佳康、中国通商集团 3 家企业 2009—2023 年的平均资本配置效率在境外上市国有企业中排名居前 3 位，其资本配置效率值分别为 –0.0060、–0.0072、–0.0076，齐鲁高速、中广核矿业和同仁堂国药 3 家境外上市国有企业的资本配置效率最低，其资本配置效率值分别为 –0.2094、–0.1771、–0.1693。

对比分析中国境内上市与境外上市国有企业资本配置效率可以发现，中国境内上市国有企业资本配置效率位于［–0.0006，–0.2809］的区间范围内，境外上市国有企业的资本配置效率位于［–0.0060，–0.2094］的区间范围内。其中，在境内上市国有企业中，资本配置效率居前 14 位的国有企业其资本配置效率高于境外上市国有企业；第 15 位企业境外上市国有企业（中国交通建设）资本配置效率高于第 15 位境内上市国有企业；自第 17 位企业起，境外上市国有企业资本配置效率始终高于境内上市国有企业。整体来看，境外上市国有企业的资本配置效率明显高于境内上市国有企业。

2. 宏观视角

同上，本书在测算得到中国境内上市与境外上市各国有企业资本配置效率的基础上，根据上市地点划分得到 2009—2023 年中国境内上市与境外上市国有企业资本配置效率的测算结果如表 4–5 所示。

表 4–5 2009—2023 年中国境内与境外上市国有企业资本配置效率测算结果

年份	境内上市国有企业	境外上市国有企业
2009	–0.0483	–0.0494
2010	–0.0551	–0.0491
2011	–0.0476	–0.0565
2012	–0.0446	–0.0440
2013	–0.0533	–0.0517
2014	–0.0561	–0.0483
2015	–0.0606	–0.0373
2016	–0.0559	–0.0453

续表

年份	境内上市国有企业	境外上市国有企业
2017	－0. 0588	－0. 0479
2018	－0. 0464	－0. 0446
2019	－0. 0423	－0. 0360
2020	－0. 0520	－0. 0418
2021	－0. 0650	－0. 0418
2022	－0. 0658	－0. 0394
2023	－0. 0633	－0. 0343

表4－5中的测算结果显示，2009年中国境内上市与境外上市国有企业的资本配置效率分别为－0. 0483、－0. 0494，该年境内上市国有企业的资本配置效率略高于境外上市国有企业，2010年二者分别为－0. 0551、－0 0491，境外上市国有企业的资本配置效率高于境内上市国有企业，2012—2023年境外上市国有企业的资本配置效率则始终高于境内上市国有企业。整体来看，2009—2023年中国境外上市国有企业的资本配置效率基本呈逐年提高的态势，同期境内上市国有企业的资本配置效率波动幅度相对较大（见图4－2）。

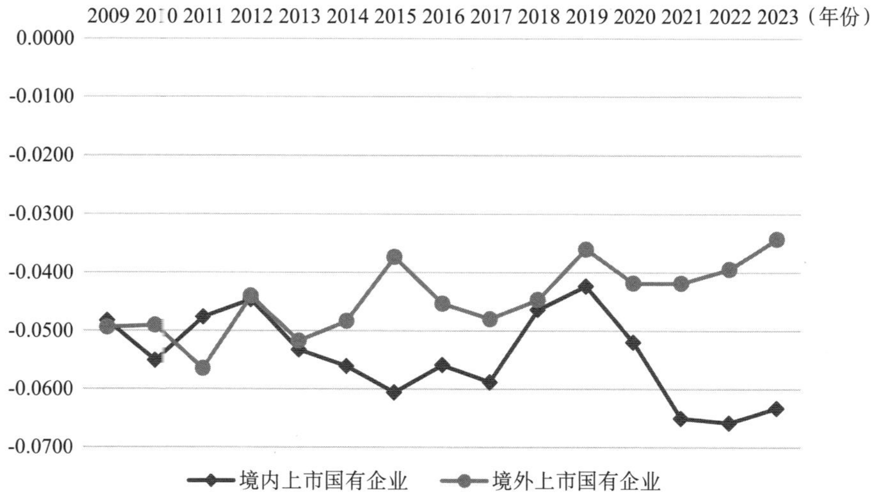

图4－2　2009—2023年中国境外上市与境内上市国有企业资本配置效率

（二）民营企业

1. 微观视角

依据前述分析思路，可得中国境内上市与境外上市民营企业资本配置效率居前 30 位和后 30 位的企业状况，如表 4－6 所示。

表 4－6　中国境内上市与境外上市民营企业资本配置效率排名情况

境内上市民营企业				境外上市民营企业			
前 30 位		后 30 位		前 30 位		后 30 位	
股票简称	均值	股票简称	均值	股票简称	均值	股票简称	均值
卓胜微	－0.0009	仁智	－0.1679	郑煤机	－0.0069	光正教育	－0.1287
光库科技	－0.0018	德艺文创	－0.1683	中国铁塔	－0.0073	世茂服务	－0.1305
振静股份	－0.0049	国城矿业	－0.1709	维港环保科技	－0.0076	华住	－0.1329
康达	－0.0050	华控赛格	－0.1714	骇维金属加工	－0.0083	鑫苑服务	－0.1341
毅昌	－0.0051	河化	－0.1728	稀美资源	－0.0085	东方甄选	－0.1388
建新矿业	－0.0055	森霸传感	－0.1736	沧港铁路	－0.0089	MI 能源	－0.1429
明德生物	－0.0058	星星	－0.1752	中国食品	－0.0098	群达科技	－0.1453
中国服装	－0.0090	奥飞数据	－0.1756	合生创展集团	－0.0099	汇森股份	－0.1471
安集科技	－0.0091	睿智医药	－0.1774	中国外运	－0.0105	新东方－S	－0.1491
大冷股份	－0.0091	海特生物	－0.1827	移卡	－0.0110	金铉品旅	－0.1522
金顶	－0.0091	工大首创	－0.1868	佳辰控股	－0.0117	卓越教育集团	－0.1533
华塑	－0.0099	英派斯	－0.1868	扬子江	－0.0123	优点互动	－0.1539
山鹰国际	－0.0110	泉峰汽车	－0.1874	贝壳	－0.0123	亚洲时代	－0.1541
重庆百货	－0.0110	罗普	－0.1890	元邦地产	－0.0125	META DATA LIMITED	－0.1543
药明康德	－0.0116	英科医疗	－0.1928	中国中车	－0.0130	火岩控股	－0.1556
回天胶业	－0.0142	惠城环保	－0.1943	京东集团	－0.0138	箩筐技术	－0.1579
九洲电气	－0.0143	新华龙	－0.2021	复旦张江	－0.0141	华夏博雅	－0.1609
旗天科技	－0.0147	瀚叶	－0.2056	达力集团	－0.0143	明大嘉和	－0.1622
胜尔	－0.0149	辉丰	－0.2074	温岭工量刃具	－0.0144	联众	－0.1664
星星科技	－0.0150	中科云网	－0.2079	立德教育	－0.0151	畅捷通	－0.1672
创兴	－0.0156	科思股份	－0.2104	天瑞汽车内饰	－0.0151	第九城市	－0.1727
钱江	－0.0157	汇通	－0.2143	创美药业	－0.0157	CASI PHARMACEUTICALS	－0.1770
岩石股份	－0.0160	兴业	－0.2164	长安民生物流	－0.0161	兴业物联	－0.1772

续表

境内上市民营企业				境外上市民营企业			
前 30 位		后 30 位		前 30 位		后 30 位	
股票简称	均值	股票简称	均值	股票简称	均值	股票简称	均值
贵糖股份	-0.0161	黑牛食品	-0.2168	长城环亚控股	-0.0162	和黄医药	-0.1878
东力	-0.0164	仰帆	-0.2554	恒达集团控股	-0.0162	万春医药	-0.2014
德新	-0.0165	甘化	-0.2615	中奥到家	-0.0164	安博教育	-0.2036
全通教育	-0.0167	热景生物	-0.3002	万科企业	-0.0166	再鼎医药	-0.2173
双良股份	-0.0169	中简科技	-0.3168	碧桂园	-0.0166	好未来	-0.2207
舍得酒业	-0.0172	巴士	-0.3210	翼辰实业	-0.0167	泡泡玛特	-0.2485
万方发展	-0.0175	联建	-0.3364	中国海外宏洋集团	-0.0169	远洋服务	-0.2713

注：鉴于篇幅所限，企业未能全部列出。

从表 4-6 境内上市民营企业的视角看，中国境内上市民营企业的资本配置效率位于［-0.3364，-0.0009］的区间范围内，其中，资本配置效率居前 3 位的企业分别为卓胜微、光库科技和振静股份，其 2009—2023 年资本配置效率的均值分别为 -0.0009、-0.0018、-0.0049，此外双良股份、舍得酒业和万方发展 3 家境内上市民营企业资本配置效率排名分别居第 28 位、第 29 位和第 30 位，其 2009—2023 年资本配置效率的均值分别为 -0.0169、-0.0172 和 -0.0175。此外，从资本配置效率居后 30 位的企业看，联建、巴士和中简科技 3 家企业 2009—2023 年资本配置效率的均值最低，分别为 -0.3364、-0.3210、-0.3168。

从境外上市民营企业的视角看，其资本配置效率的均值位于［-0.2713，-0.0069］的区间范围内。其中，郑煤机、中国铁塔和维港环保科技 3 家企业的资本配置效率最高，其 2009—2023 年资本配置效率的均值分别为 -0.0069 、-0.0073 和 -0.0076，远洋服务、泡泡玛特、好未来 3 家企业的资本配置效率最低，其资本配置效率均值分别为 -0.2713、-0.2485、-0.2207。

对比分析中国境内上市与境外上市民营企业资本配置效率可知，从第16位企业（京东集团）开始，中国境外上市企业的资本配置效率开始高于境内上市企业。此外，从境内上市与境外上市各企业资本配置效率情况看，境外上市各民营企业之间资本配置效率差距明显低于境内上市民营企业。

2. 宏观视角

本部分进一步从宏观视角出发，测算得到2009—2023年中国境内上市与境外上市民营企业资本配置效率的结果如表4－7所示。

表4－7　2009—2023年中国境内上市与境外上市民营企业资本配置效率测算结果

年份	境内上市民营企业	境外上市民营企业
2009	－0.0680	－0.0615
2010	－0.0587	－0.0647
2011	－0.0571	－0.0568
2012	－0.0484	－0.0495
2013	－0.0633	－0.0529
2014	－0.0538	－0.0532
2015	－0.0674	－0.0550
2016	－0.0769	－0.0625
2017	－0.0606	－0.0640
2018	－0.0601	－0.0590
2019	－0.0597	－0.0538
2020	－0.0664	－0.0493
2021	－0.0724	－0.0604
2022	－0.0724	－0.0629
2023	－0.0575	－0.0485

表4－7中的测算结果显示，2009年中国境内上市与境外上市民营企业的资本配置效率分别为－0.0680和－0.0615，境外上市民营企业的资本配置效率高于境内上市民营企业，2010年、2012年则呈现出境内上市民营企业高于境外上市民营企业的情况；2013—2023年，中国境外上市民营企业的资本配置效率基本均高于境内上市民营企业（2017年除外）。截至2023年，境内上市与境外上市民营企业的资本配

置效率分别为 －0.0575 和 －0.0485。综合来看，2009—2023 年，中国境内上市与境外上市民营企业资本配置效率的变动趋势基本一致（见图 4－3），且差距不大，但境外上市民营企业的资本配置效率基本高于境内上市民营企业。

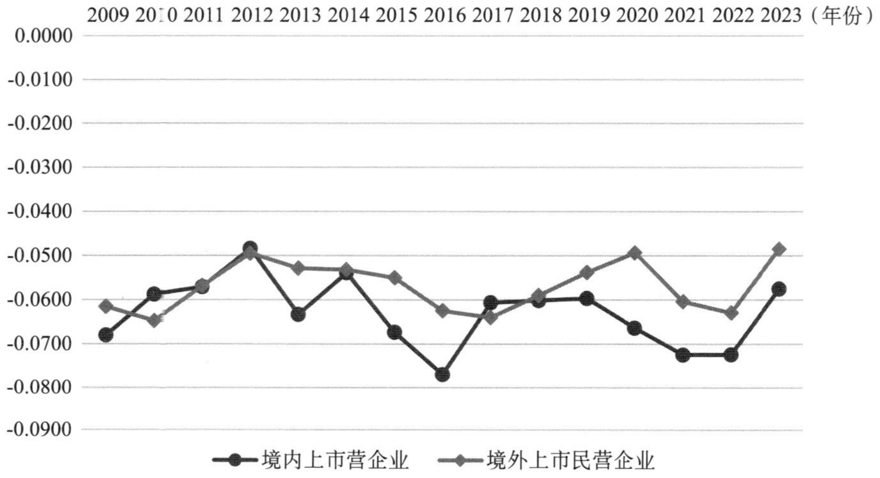

图 4－3　2009—2023 年中国境外上市与境内上市民营企业资本配置效率

第四节　本章小结

本章重点对企业的资本配置效率进行了测算与评价。在具体分析过程中，本章首先结合资本配置效率的定义以及中国境外上市企业的特征，明确了测算企业资本配置效率的具体方法。在此基础上从上市地点维度和企业所有权性质维度，测算分析了中国境外上市与境内上市企业的资本配置效率，在具体分析过程中主要从微观和宏观两个视角展开具体分析。研究发现：

第一，中国境外上市企业的资本配置效率要明显高于境内上市企业，具体到上市地点而言，中国香港（H 股）上市的中国企业资本配置效率略高于美国（N股）上市的中国企业，并且稳定性较好，N股上市的中国企业资本配置效率的波动性更大。

第二，从整体来看，境外上市的国有企业资本配置效率基本高于境内上市的国有企业，并且这一差距有不断扩大的趋势；而境外上市的民营企业资本配置效率略高于境内上市的民营企业，二者的变动趋势基本一致。

第五章

双循环格局下中国企业境外上市对资本配置效率影响的计量分析

在新发展格局的构建过程中，企业境外上市行为是打通要素流通堵点，畅通国内国际经济循环体系的重要载体。本章从计量分析的视角出发，从境外上市整体、上市地点、企业所有权性质、过度投资和投资不足多个维度，探讨双循环格局下中国企业境外上市对资本配置效率的影响。

第一节 模型设计

一、模型构建

本书重点研究中国企业境外上市对资本配置效率的影响，依据前述理论分析，根据研究内容本书构建如下计量经济模型，记作模型（5－1）：

$$Einv_{i,t} = \alpha_0 + \alpha_1 Overseas_{i,t} + \sum_j \delta_j Controls_{j,i,t} + \eta_{ind} + \eta_{year} + \varepsilon_{i,t} \quad (5-1)$$

其中，*Einv* 为被解释变量企业的资本配置效率，*Overseas* 为核心解释变量中国企业是否在境外上市，*Controls* 为控制变量，η_{ind}和 η_{year}分别表示行业固定效应和年份固定效应，i 表示本书涉及的境内上市与境外上市企业，t 为时间，t = 2009，2010，2011，…，2023。

二、数据与指标说明

（一）被解释变量

被解释变量（*Einv*）为企业的资本配置效率，数据由前文测算得到，其中 *Einv* 取值越大，表示企业的资本配置效率越高。

（二）核心解释变量

本书重点研究中国企业境外上市对资本配置效率的影响，为全面把握该影响效果，从如下几个维度展开具体分析。

1. 境外上市与境内上市的对比分析

从全样本视角分析中国企业境外上市对资本配置效率的影响，当企业在中国境外上市时，记作 *Overseas* = 1，当企业在中国境内上市时，记作 *Overseas* = 0。

2. H 股上市与 A 股上市的对比分析

在全样本分析的基础上，将境外上市企业依据上市地点做进一步分析，当企业在中国香港（H 股）上市时，记作 *Overseas* = 1，当企业在中国境内（A 股）上市时，记作 *Overseas* = 0。

3. N 股上市与 A 股上市的对比分析

与前述第 2 点做法相同，当企业在美国（N 股）上市时，记作 *Overseas* = 1，当企业在中国境内（A 股）上市时，记作 *Overseas* = 0。

4. 国有企业境外上市与境内上市的对比分析

该维度旨在从企业所有权性质的视角，进一步分析国有企业境外上市对资本配置效率的影响，当国有企业在中国境外上市时，记作 $Overseas=1$，当国有企业在中国境内上市时，记作 $Overseas=0$。

5. 民营企业境外上市与境内上市的对比分析

与前述第4点的做法相同，当民营企业在中国境外上市时，记作 $Overseas=1$，当民营企业在中国境内上市时，记作 $Overseas=0$。

（三）控制变量

根据学者们的相关研究（段婷婷和张立光，2024；刘姝雯等，2023；陈旭和哈今华，2017；潘红波和余明桂，2014；曾颖和陆正飞，2006），本书依次对企业的资产报酬率、总资产周转率、现金流比率、账面市值比、公司年龄、管理费用率进行控制，变量说明情况如下：（1）资产报酬率（ROA）：以企业净利润与总资产的比值衡量资产报酬率；（2）总资产周转率（ATO）：以企业营业收入与平均资产总额的比值作为衡量总资产周转率的代理变量；（3）现金流比率（$Cashflow$）：以企业经营活动产生的现金流量净额与总资产的比值衡量现金流比率；（4）账面市值比（BM）：以企业账面价值和总市值之比控制企业的账面市值情况；（5）公司年龄（$FirmAge$）：取公司（当年年份－公司成立年份＋1）的对数对企业的年龄进行控制；（6）管理费用率（$Mfee$）：以企业管理费用与营业收入之比对企业的管理费用率进行控制。在具体分析过程中，本书分别控制了行业（η_{ind}）和时间（η_{year}）固定效应。

本书选取了2009—2023年中国在境内和境外的上市公司，为保证研究结论的科学性和可信性，本书在具体研究过程中剔除了金融类上市公司、ST类上市公司和PT类上市公司、交叉上市的公司和数据严重缺失和异常的上市公司。与此同时，为降低实证研究过程中因极端值导致的估计偏误，本书对各个变量进行了1%和99%的缩尾处理。境内上市公司相关数据来源于国泰安数据库，境外上市公司数据来源于Wind数据库，上述变量的描述性统计分析如表5－1所示。

表 5-1　　主要变量的描述性统计分析

变量	观测值	均值	标准差	最小值	最大值
Einv	12532	-0.0567	0.0580	-0.3560	-0.0003
Overseas	12532	0.4970	0.5000	0	1
ROA	12532	0.0311	0.1030	-0.8470	0.4700
ATO	12532	0.6310	0.4860	0.0102	4.0650
Cashflow	12532	0.0477	0.0889	-0.3680	0.3630
BM	12532	1.1610	1.4490	-0.0587	18.3300
FirmAge	12532	2.8030	0.4910	1.0990	3.8290
Mfee	12532	0.1250	0.2120	0.0050	2.5370
Gov	12532	0.3680	0.2210	0.0413	0.8330

第二节　计量分析

本书以 2009—2023 年中国境内上市与境外上市企业面板数据为研究样本，从境外上市与境内上市、H 股上市与 A 股上市、N 股上市与 A 股上市、国有企业境外上市与境内上市、民营企业境外上市与境内上市 5 个维度分析中国企业境外上市对资本配置效率的影响。在具体分析过程中，本书分别运用上述 5 个维度的样本对模型（5-1）进行回归，检验中国企业境外上市对资本配置效率的影响。

一、中国企业境外上市对资本配置效率的影响

以 2009—2023 年中国境内上市与境外上市企业为样本（全样本）对模型（5-1）回归，得到中国企业境外上市对资本配置效率影响的回归结果如表 5-2 所示。

表 5-2　　中国企业境外上市对资本配置效率影响的回归结果

变量	模型（1）	模型（2）	模型（3）	模型（4）	模型（5）	模型（6）	模型（7）
Overseas	0.0083*** (0.001)	0.0082*** (0.001)	0.0079*** (0.001)	0.0083*** (0.001)	0.0029** (0.001)	0.0057*** (0.001)	0.0084*** (0.001)
ROA		0.0107 (0.007)	0.0069 (0.007)	0.0010 (0.007)	0.0040 (0.007)	0.0041 (0.007)	-0.0156** (0.007)
ATO			0.0077*** (0.001)	0.0077*** (0.001)	0.0085*** (0.001)	0.0090*** (0.001)	0.0055*** (0.001)
Cashflow				0.0249*** (0.008)	0.0270*** (0.008)	0.0277*** (0.008)	0.0209*** (0.007)
BM					0.0049*** (0.000)	0.0047*** (0.000)	0.0042*** (0.000)
FirmAge						0.0078*** (0.001)	0.0080*** (0.001)
Mfee							-0.0310*** (0.004)
Constant	-0.0608*** (0.001)	-0.0611*** (0.001)	-0.0658*** (0.001)	-0.0669*** (0.001)	-0.0707*** (0.001)	-0.0939*** (0.004)	-0.0884*** (0.004)
Observations	12532	12532	12532	12532	12532	12532	12532
R-squared	0.023	0.024	0.027	0.029	0.040	0.044	0.053
Industry FE	YES	YES	YES	YES	YES	YES	YES
Year FE	YES	YES	YES	YES	YES	YES	YES
r2_within	0.00476	0.00512	0.00894	0.0103	0.0219	0.0254	0.0353
F	60.01	34.48	39.51	32.66	54.35	57.33	56.60

注：***、**分别表示在1%、5%的显著性水平下通过检验，括号中的值为稳健标准误。

表5-2的回归结果显示，模型（1）至模型（7）中，除模型（5）外，核心解释变量（*Overseas*）在1%的显著性水平下均通过统计显著性检验，模型（5）中核心解释变量（*Overseas*）在5%的显著性水平下通过统计显著性检验，即从整体视角看，中国企业境外上市能够显著提高企业的资本配置效率。控制变量中，总资产周转率（*ATO*）、现金流比率（*Cashflow*）、账面市值比（*BM*）、公司年龄（*FirmAge*）和管理费

用率（*Mfee*）也均通过了统计显著性检验，即管理费用率降低，总资产周转率和现金流比率提高、账面市值比增大、公司年龄越大，对提高企业资本配置效率有正向影响。

二、中国企业 H 股上市对资本配置效率的影响

在全样本的基础上，以中国 H 股上市企业和境内上市企业为样本，对模型（5－1）回归，得到中国企业 H 股上市对资本配置效率影响的回归结果如表 5－3 所示。

表 5－3　　中国企业 H 股上市对资本配置效率影响的回归结果

变量	模型（1）	模型（2）	模型（3）	模型（4）	模型（5）	模型（6）	模型（7）
Overseas	0.0102***	0.0103***	0.0099***	0.0100***	0.0044***	0.0072***	0.0098***
	(0.001)	(0.001)	(0.001)	(0.001)	(0.001)	(0.001)	(0.001)
ROA		－0.0061	－0.0108	－0.0121	－0.0073	－0.0066	－0.0228***
		(0.008)	(0.008)	(0.008)	(0.008)	(0.008)	(0.008)
ATO			0.0082***	0.0081***	0.0087***	0.0091***	0.0059***
			(0.001)	(0.001)	(0.001)	(0.001)	(0.001)
Cashflow				0.0077	0.0111	0.0124*	0.0079
				(0.008)	(0.008)	(0.007)	(0.007)
BM					0.0054***	0.0053***	0.0047***
					(0.000)	(0.000)	(0.000)
FirmAge						0.0080***	0.0083***
						(0.001)	(0.001)
Mfee							－0.0320***
							(0.004)
Constant	－0.0609***	－0.0607***	－0.0655***	－0.0659***	－0.0700***	－0.0939***	－0.0889***
	(0.001)	(0.001)	(0.001)	(0.001)	(0.001)	(0.004)	(0.004)
Observations	11869	11869	11869	11869	11869	11869	11869
R－squared	0.024	0.024	0.028	0.028	0.040	0.044	0.053
Industry FE	YES	YES	YES	YES	YES	YES	YES
Year FE	YES	YES	YES	YES	YES	YES	YES
r2_within	0.00730	0.00740	0.0116	0.0117	0.0238	0.0275	0.0366
F	88.89	44.55	46.37	35.03	72.37	72.47	68.93

注：***、* 分别表示在 1%、10% 的显著性水平下通过检验，括号中的值为稳健标准误。

表5－3中的结果显示，模型（1）至模型（7）中核心解释变量（*Overseas*）在1%的显著性水平下均通过统计显著性检验，且系数符号为正，即中国企业H股上市能够促进资本配置效率提升。控制变量中，总资产周转率（*ATO*）、账面市值比（*BM*）、公司年龄（*FirmAge*）和管理费用率（*Mfee*）也均通过统计显著性检验，其中总资产周转率（*ATO*）、账面市值比（*BM*）、公司年龄（*FirmAge*）三个控制变量的系数符号为正，管理费用率（*Mfee*）系数符号为负，即总资产周转率提升、账面市值比提高、公司年龄越大，其越有助于提高企业的资本配置效率，而管理费用增加会降低企业的资本配置效率。

三、中国企业N股上市对资本配置效率的影响

同上述分析，在全样本的基础上，以中国N股上市企业和境内上市企业为样本，对模型（5－1）回归，得到中国企业N股上市对资本配置效率影响的回归结果如表5－4所示。

表5－4　　中国企业N股上市对资本配置效率影响的回归结果

变量	模型（1）	模型（2）	模型（3）	模型（4）	模型（5）	模型（6）	模型（7）
Overseas	－0.0073**	－0.0087***	－0.0087***	－0.0076**	－0.0163***	－0.0152***	－0.0073*
	(0.003)	(0.003)	(0.003)	(0.003)	(0.004)	(0.004)	(0.004)
ROA		－0.0160*	－0.0183*	－0.0229**	－0.0237**	－0.0237**	－0.0459***
		(0.010)	(0.010)	(0.010)	(0.010)	(0.010)	(0.010)
ATO			0.0070***	0.0072***	0.0079***	0.0079***	0.0041**
			(0.002)	(0.002)	(0.002)	(0.002)	(0.002)
Cashflow				0.0295***	0.0287***	0.0281***	0.0212**
				(0.009)	(0.009)	(0.009)	(0.009)
BM					0.0061***	0.0060***	0.0053***
					(0.002)	(0.002)	(0.002)
FirmAge						0.0031	0.0029
						(0.002)	(0.002)
Mfee							－0.0413***
							(0.008)

续表

变量	模型（1）	模型（2）	模型（3）	模型（4）	模型（5）	模型（6）	模型（7）
Constant	-0.0613*** (0.001)	-0.0609*** (0.001)	-0.0652*** (0.001)	-0.0668*** (0.001)	-0.0707*** (0.002)	-0.0798*** (0.007)	-0.0718*** (0.007)
Observations	6874	6874	6874	6874	6874	6874	6874
R-squared	0.026	0.027	0.029	0.031	0.036	0.037	0.046
Industry FE	YES	YES	YES	YES	YES	YES	YES
Year FE	YES	YES	YES	YES	YES	YES	YES
r2_within	0.00113	0.00184	0.00448	0.00648	0.0120	0.0122	0.0220
F	5.213	5.204	8.062	8.132	9.012	8.096	9.991

注：***、**、*分别表示在1%、5%和10%的显著性水平下通过检验，括号中的值为稳健标准误。

表5-4中的回归结果显示，模型（1）至模型（7）中核心解释变量（*Overseas*）在10%的显著性水平下均通过统计显著性检验，但系数符号为负，该结论表明中国企业N股上市对提高资本配置效率具有显著的负向影响。控制变量中，资产报酬率（*ROA*）、总资产周转率（*ATO*）、现金流比率（*Cashflow*）、账面市值比（*BM*）和管理费用率（*Mfee*）基本通过统计显著性检验。

四、国有企业境外上市对资本配置效率的影响

在全样本分析的基础上，进一步根据企业的所有权性质，将境外上市企业划分为国有企业和民营企业。以境外上市国有企业为样本对模型（5-1）进行回归，得到国有企业境外上市对资本配置效率影响的回归结果如表5-5所示。

表5-5　国有企业境外上市对资本配置效率影响的回归结果

变量	模型（1）	模型（2）	模型（3）	模型（4）	模型（5）	模型（6）	模型（7）
Overseas	0.0109*** (0.002)	0.0120*** (0.002)	0.0118*** (0.002)	0.0120*** (0.002)	0.0056*** (0.002)	0.0060*** (0.002)	0.0072*** (0.002)
ROA		-0.0447*** (0.014)	-0.0467*** (0.014)	-0.0486*** (0.014)	-0.0395*** (0.014)	-0.0395*** (0.014)	-0.0493*** (0.015)

续表

变量	模型（1）	模型（2）	模型（3）	模型（4）	模型（5）	模型（6）	模型（7）
ATO			0.0062 *** (0.002)	0.0061 *** (0.002)	0.0071 *** (0.002)	0.0071 *** (0.002)	0.0052 ** (0.002)
Cashflow				0.0143 (0.011)	0.0167 (0.011)	0.0167 (0.011)	0.0161 (0.011)
BM					0.0057 *** (0.001)	0.0056 *** (0.001)	0.0055 *** (0.001)
FirmAge						0.0019 (0.002)	0.0021 (0.002)
Mfee							-0.0251 *** (0.006)
Constant	-0.0544 *** (0.001)	-0.0533 *** (0.001)	-0.0568 *** (0.002)	-0.0576 *** (0.002)	-0.0626 *** (0.002)	-0.0684 *** (0.006)	-0.0651 *** (0.006)
Observations	4431	4431	4431	4431	4431	4431	4431
R-squared	0.026	0.030	0.033	0.033	0.048	0.048	0.053
Industry FE	YES	YES	YES	YES	YES	YES	YES
Year FE	YES	YES	YES	YES	YES	YES	YES
r2_within	0.0102	0.0141	0.0167	0.0172	0.0325	0.0327	0.0378
F	43.70	24.84	18.76	14.82	31.68	26.40	23.65

注：***、** 分别表示在 1%、5% 的显著性水平下通过检验，括号中的值为稳健标准误。

表 5-5 中的回归结果显示，模型（1）至模型（7）中核心解释变量（*Overseas*）在 1% 的显著性水平下均通过统计显著性检验，且系数符号为正，由此表明中国国有企业境外上市有助于提高其资本配置效率。此外，控制变量资产报酬率（*ROA*）、总资产周转率（*ATO*）、账面市值比（*BM*）、管理费用率（*Mfee*）分别在 1%、5%、1%、1% 的显著性水平下通过检验，其中，资产报酬率（*ROA*）和管理费用率（*Mfee*）系数符号为负，总资产周转率（*ATO*）和账面市值比（*BM*）的系数符号为正。

五、民营企业境外上市对资本配置效率的影响

在分析国有企业境外上市对资本配置效率影响的基础上，以境外上市民营企业为样本对模型（5－1）回归，得到民营企业境外上市对资本配置效率影响的回归结果如表5－6所示。

表5－6　　民营企业境外上市对资本配置效率影响的回归结果

变量	模型（1）	模型（2）	模型（3）	模型（4）	模型（5）	模型（6）	模型（7）
Overseas	0.0071 ***	0.0072 ***	0.0067 ***	0.0070 ***	0.0023	0.0056 ***	0.0089 ***
	(0.001)	(0.001)	(0.001)	(0.001)	(0.002)	(0.002)	(0.002)
ROA		0.0197 **	0.0152 *	0.0080	0.0100	0.0109	−0.0088
		(0.008)	(0.008)	(0.008)	(0.008)	(0.008)	(0.009)
ATO			0.0088 ***	0.0088 ***	0.0095 ***	0.0101 ***	0.0063 ***
			(0.001)	(0.001)	(0.001)	(0.001)	(0.001)
Cashflow				0.0275 ***	0.0292 ***	0.0300 ***	0.0212 **
				(0.010)	(0.010)	(0.010)	(0.010)
BM					0.0043 ***	0.0041 ***	0.0036 ***
					(0.001)	(0.001)	(0.001)
FirmAge						0.0076 ***	0.0083 ***
						(0.001)	(0.001)
Mfee							−0.0301 ***
							(0.005)
Constant	−0.0644 ***	−0.0650 ***	−0.0704 ***	−0.0716 ***	−0.0746 ***	−0.0973 ***	−0.0925 ***
	(0.001)	(0.001)	(0.001)	(0.001)	(0.001)	(0.005)	(0.005)
Observations	8101	8101	8101	8101	8101	8101	8101
R－squared	0.022	0.023	0.028	0.029	0.038	0.041	0.051
Industry FE	YES	YES	YES	YES	YES	YES	YES
Year FE	YES	YES	YES	YES	YES	YES	YES
r2_within	0.00303	0.00444	0.00922	0.0108	0.0195	0.0228	0.0326
F	25.15	18.94	28.01	22.77	31.44	33.57	33.36

注：***、**、*分别表示在1%、5%和10%的显著性水平下通过检验，括号中的值为稳健标准误。

表5－6中的结果显示，除模型（5）外，模型（1）至模型（4）、模型（6）和模型（7）中核心解释变量（*Overseas*）在1%的显著性水平下均通过统计显著性检验，且系数符号为正，即从民营企业的视角看，民营企业境外上市有助于提高其资本配置效率。控制变量中，总资产周转率（*ATO*）、现金流比率（*Cashflow*）、账面市值比（*BM*）、公司年龄（*FirmAge*）、管理费用率（*Mfee*）也均通过统计显著性检验，其中，总资产周转率（*ATO*）、现金流比率（*Cashflow*）、账面市值比（*BM*）、公司年龄（*FirmAge*）回归系数符号为正，管理费用率（*Mfee*）回归系数符号为负。

六、实证结果分析

上述实证研究结果表明：从整体视角看，中国企业境外上市对提高资本配置效率具有显著正向影响；从上市地点的维度看，中国企业中国香港证券市场上市（H股）对提高资本配置效率具有显著正向影响，而中国企业美国证券市场上市（N股）不利于提高资本配置效率；从企业所有权性质维度看，无论是中国国有企业境外上市还是民营企业境外上市均有助于提高资本配置效率。

首先，中国企业境外上市能够显著提高资本配置效率的原因在于：（1）从中国境内资本市场与境外资本市场的发展情况看，中国企业境外上市的地点主要集中于境外较发达的证券市场，相较于这些证券市场，中国证券市场的发展尚处于起步阶段，市场体制、经营制度安排等也处于相对落后的状态。从经济学理论视角看，与中国境内证券市场相比，境外发达的证券市场更接近于完全竞争市场，结合资源配置理论，在完全竞争市场条件下资源配置将达到帕累托最优，所以中国企业境外上市有助于提高资本配置效率。（2）结合第三章中国企业境外上市对资本配置效率影响的理论，中国企业境外上市的过程既是“市场分割”状态打破的过程，也是中国企业“绑定声誉”“绑定法律”的过程。在新发展格局下，中国企业境外上市将打破资本在国际流动的堵点，弥合中国境内资本市场与境外资本市场的“分割”状态。股票流动将打破区域限制，中国企业也将直面境外发达资本市场的经营制度安排、境外投资者、境外资本市场的监督管理体系和信息披露标准，与境外资本市场绑定，显然境外发达资本市场将会倒逼中国企业按照其相应标准展开生产经营活动。在境外资本市场相对完善的制度约束下，资本配置效率得以提升。此外，随着中国企业境外上市进程的推进，企业投资者基数增大、投资者保护程度和认知程度不断增强，企业资本成本会随之不断降低、企业风险也得以分散，进而促进企业提高资本配置效率。

其次，中国企业中国香港上市能够显著促进资本配置效率提高的原因包括：(1) 中国香港证券市场的信息披露标准要明显高于中国境内，高质量的信息披露能够有效地解决信息不对称问题，达到提高资本配置效率的效果；(2) 中国香港证券市场发展程度和利率市场化程度也均高于中国境内，高效的证券市场和健全的利率市场能够确保企业公平竞争，为中国企业提高资本配置效率提供了重要的外部条件；(3) 中国内地与中国香港地区同属中华民族的一部分，无论是从地理位置看还是从历史背景看，中国内地与中国香港地区均具有天然合作优势，双方的经贸关系较之域外国家和地区也要紧密得多。早在中国香港未回归时，香港联合交易所的《上市规则》就已经针对中国国有企业在香港上市的新情况进行了弹性调整，比如 1994 年 11 月 11 日起生效的《上市规则》中第 19A 章，即为中国香港证券市场为适应中国内地的《中华人民共和国公司法》《国务院关于股份有限公司境外募集股份及上市的特殊规定》和《到境外上市公司章程必备条款》而做的具体修订（贾东焰，1997)，该举措能够有效降低中国企业在中国香港上市过程中的调整成本，缩短企业生产经营过程的适应期，显然这对于提高资本配置效率具有积极影响；中国内地与中国香港地区固有的血脉联系，加之双方密切的政治、经济、文化往来，客观上使得中国企业熟知中国香港证券市场规则，中国香港证券市场也了解中国企业的具体情况，这些为在中国香港地区上市的中国企业提供了便利，有助于中国企业在中国香港地区顺利地进行生产、运营，该过程明显有助于促进资本配置效率提高。

与此同时，中国企业美国上市对提高资本配置效率具有不利影响的原因在于：目前美国证券市场中起主导作用的《萨班斯—奥克斯利法案》极其复杂，且其在规范上市公司行为及其内部治理模式的过程中，要求颇为严苛（肖宇，2014），该法案要求在美国证券市场上市的企业严格依据美国证券市场的标准对公司治理、信息披露、财务报告等进行修改。例如，2002 年《萨班斯—奥克斯利法案》规定，为美国上市主体提供审计报告的会计师事务所，无论其是在美国境内还是境外，都应该按照公共公司会计审查委员会（PCAOB）或美国证券交易委员会（SEC）的要求提供审计底稿。从该视角看，2002 年《萨班斯—奥克斯利法案》的核心内容可以归结为，在美国上市的企业必须遵循“美国标准”。从“成本收益”角度看，该过程使得在美国上市的企业需要付出较高的“遵循成本”，其中肖宇（2014）指出，在 2002 年《萨班斯—奥克斯利法案》的约束下，导致境外企业在美上市成本增加了35%；加之受中国证券市场发展滞后的影响，中国企业在公司治理、信息披露、财务报告等方面的标准与“美国标准”的差距可能更大，这必然会使中国企业到美国上市需要支付更高的遵循成本。显然这有悖于中国企业境外上市的动机，基于对“利润最大化”目标考虑的中国企业会另择上市地点。此外，2020 年以来，美国相继出台《外国公司问责法案》（HFCAA）、《关于保护美国投资者防范中国公司重大风险的报告》等一系列阻碍中国企业赴美国上市的文件。其中，《外国公司问责法案》规定“如果外国发行人连续三年不能满足 PCAOB 对会计师事务所的检查要求，其证券将被美国证券交易所摘牌”。在此影响之下，中国企业在美国上市的融资渠道受到阻碍，投资者利益也受到不同程度的侵害。受此影响，中国企业在美国上市无法起到提高资本配置效率的效果。

最后，国有企业和民营企业境外上市有助于提高资本配置效率的原因在于：（1）从国有企业境外上市的维度看，境外上市行为有助于解决国有企业改革过程中存在的诸多问题。中国国有企业改革从改革开放之初的“放权让利”到1987年的“承包经营责任制”再到后来的“股份制改造”，一系列改革的根本目的在于解决国有企业经营自主权缺乏、效率低下问题。不可否认，国有企业效率和国际竞争力在一系列改革措施中取得了一定成效，但始终未能解决根本问题。首先，“放权让利”的改革措施并未触动国有企业的产权关系，企业只是获得了部分利润支配权，依旧未能获得独立的财产权；此外，尽管国有企业的经营权因“放权让利”的改革举措得以扩大，但也同时降低了所有权对经营权的约束，“内部人控制”问题突出。其次，从“承包经营责任制”的改革措施看，一方面，政府对国有企业代理人选择进行干预，政企不分问题未能得到解决；另一方面，该措施导致的国有企业所有权与经营权分离使得国有企业实现独立法人财产制度颇具难度，扭曲了法人财产制度。此外，国有企业所有者“缺位”、国有资产监督机制不完备等问题使得股份制改造也未能解决国有企业存在的问题。随着大批国有企业到境外上市，国有企业改革中存在的问题可在一定程度上得到解决，其中境外资本市场制度设计相较于国内更加规范和精细，且制度能够被强制执行。国有企业政企不分问题、代理人选择问题等均会得到有效的缓解或解决，由此使得中国国有企业境外上市能够显著提高资本配置效率。（2）从民营企业的视角看，境外上市将在很大程度上解决民营企业“融资难、融资贵”的现实问题。长期以来，在中国境内资本市场，国有企业因承担着诸多社会职能，使得政府、银行、金融机构为其提供了诸多便利的融资渠道。一方面，中国境内证券市场本身“额度”供应不足，加之国有企业的挤占，使得中国民营企业出现“融资难、融资贵”的现象。随着中国民营企业到境外发达的证券市场上市，其“融资难、融资贵”的问题将得以解决，境外证券市场“额度”充足，相较于中国境内证券市场融资渠道和方式也更为便利，由此使得中国民营企业境外上市能够促进资本配置效率提高。另一方面，中国民营企业到境外资本市场上市后，也将会与境外资本市场进行“绑定”，境外上市的民营企业需要接受境外证券市场的监督，按照境外证券市场的制度安排生产经营，并与境外其他企业竞争。在此状态之下，中国民营企业为了能够在境外资本市场中生存下去，便会不断完善管理，提高自身的竞争力，由此使得中国民营企业境外上市有助于提高资本配置效率。

第三节　进一步分析

本书以第四章模型（4－1）为基础测算中国企业的资本配置效率。在测算过程中，模型（4－1）测算所得的残差结果可以具体为两种表现形式，即当残差为正值属于过度投资，残差为负值时属于投资不足。这两种表现形式可以衡量中国企业资本配置效率的具体状况。为更加准确地把握中国企业境外上市与资本配置效率之间的关系，本部分进一步从中国企业境外上市对过度投资的影响、中国企业境外上市对投资不足的影响两个维度展开，进一步识别中国企业境外上市对资本配置效率的影响。在具体分析中国企业境外上市对过度投资和投资不足影响的过程中，本部分分别从整体视角和异质性视角两个维度展开。

一、中国企业境外上市对过度投资的影响

（一）整体视角

以中国境外上市过度投资企业为样本，对模型（5－1）回归，得到中国企业境外上市对过度投资影响的回归结果如表5－7所示。

表5－7　　　中国企业境外上市对过度投资影响的回归结果

变量	模型（1）	模型（2）	模型（3）	模型（4）	模型（5）	模型（6）	模型（7）
Overseas	－0.0053***	－0.0051***	－0.0046***	－0.0047***	0.0025	－0.0009	－0.0040*
	（0.002）	（0.002）	（0.002）	（0.002）	（0.002）	（0.002）	（0.002）

续表

变量	模型（1）	模型（2）	模型（3）	模型（4）	模型（5）	模型（6）	模型（7）
ROA		-0.0164 (0.012)	-0.0121 (0.012)	-0.0053 (0.012)	-0.0100 (0.012)	-0.0107 (0.012)	0.0137 (0.013)
ATO			-0.0079*** (0.002)	-0.0079*** (0.002)	-0.0087*** (0.002)	-0.0090*** (0.002)	-0.0059*** (0.002)
Cashflow				-0.0279** (0.012)	-0.0321*** (0.012)	-0.0333*** (0.012)	-0.0276** (0.012)
BM					-0.0070*** (0.001)	-0.0067*** (0.001)	-0.0059*** (0.001)
FirmAge						-0.0085*** (0.002)	-0.0088*** (0.002)
Mfee							0.0320*** (0.007)
Constant	0.0645*** (0.001)	0.0650*** (0.001)	0.0696*** (0.002)	0.0709*** (0.002)	0.0759*** (0.002)	0.1013*** (0.006)	0.0958*** (0.006)
Observations	5857	5857	5857	5857	5857	5857	5857
R-squared	0.019	0.020	0.023	0.025	0.040	0.043	0.051
Industry FE	YES	YES	YES	YES	YES	YES	YES
Year FE	YES	YES	YES	YES	YES	YES	YES
r2_within	0.00166	0.00233	0.00552	0.00698	0.0226	0.0261	0.0341
F	9.734	7.034	9.804	8.515	23.59	24.30	22.64

注：***、** 分别表示在1%、5%的显著性水平下通过检验，括号中的值为稳健标准误。

表5-7中的回归结果显示，模型（1）至模型（4）和模型（7）中核心解释变量（*Overseas*）分别在1%和10%的显著性水平下通过检验，且系数符号为负，该结论在一定程度上表明，中国企业境外上市能够降低过度投资程度，提高资本配置效率。

（二）异质性视角

1. 中国企业H股上市对过度投资的影响

以中国H股上市过度投资企业为样本，对模型（5-1）回归，得到中国企业H股上市对过度投资影响的回归结果如表5-8所示。

表 5－8　　中国企业 H 股上市对过度投资影响的回归结果

变量	模型（1）	模型（2）	模型（3）	模型（4）	模型（5）	模型（6）	模型（7）
Overseas	－0.0083 ***	－0.0085 ***	－0.0080 ***	－0.0080 ***	－0.0007	－0.0042 *	－0.0067 ***
	(0.002)	(0.002)	(0.002)	(0.002)	(0.002)	(0.002)	(0.002)
ROA		0.0089	0.0142	0.0162	0.0081	0.0068	0.0245 *
		(0.012)	(0.013)	(0.013)	(0.012)	(0.012)	(0.013)
ATO			－0.0083 ***	－0.0083 ***	－0.0089 ***	－0.0092 ***	－0.0066 ***
			(0.002)	(0.002)	(0.002)	(0.002)	(0.002)
Cashflow				－0.0116	－0.0172	－0.0188	－0.0162
				(0.012)	(0.012)	(0.012)	(0.012)
BM					－0.0075 ***	－0.0071 ***	－0.0065 ***
					(0.001)	(0.001)	(0.001)
FirmAge						－0.0090 ***	－0.0094 ***
						(0.002)	(0.002)
Mfee							0.0293 ***
							(0.008)
Constant	0.0645 ***	0.0643 ***	0.0690 ***	0.0695 ***	0.0750 ***	0.1019 ***	0.0979 ***
	(0.001)	(0.001)	(0.002)	(0.002)	(0.002)	(0.006)	(0.006)
Observations	5556	5556	5556	5556	5556	5556	5556
R－squared	0.020	0.021	0.024	0.024	0.040	0.044	0.050
Industry FE	YES	YES	YES	YES	YES	YES	YES
Year FE	YES	YES	YES	YES	YES	YES	YES
r2_within	0.00426	0.00443	0.00795	0.00820	0.0240	0.0280	0.0340
F	24.[illegible]7	12.08	13.25	10.10	30.13	30.14	27.45

注：***、*分别表示在 1%、10% 的显著性水平下通过检验，括号中的值为稳健标准误。

表 5－8 中的回归结果显示，除了模型（5），模型（1）至模型（7）中核心解释变量（*Overseas*）基本通过统计显著性检验，且系数符号为负，即中国企业 H 股上市能够降低过度投资程度，提高资本配置效率。

2. 中国企业 N 股上市对过度投资的影响

同上，进一步以中国 N 股上市企业为样本，对模型（5－1）回归，得到中国企业 N 股上市对过度投资影响的回归结果如表 5－9 所示。

表 5－9　　中国企业 N 股上市对过度投资影响的回归结果

变量	模型（1）	模型（2）	模型（3）	模型（4）	模型（5）	模型（6）	模型（7）
Overseas	0.0198 *** （0.005）	0.0207 *** （0.005）	0.0211 *** （0.005）	0.0200 *** （0.005）	0.0304 *** （0.006）	0.0292 *** （0.006）	0.0223 *** （0.006）
ROA		0.0128 （0.014）	0.0162 （0.015）	0.0244 * （0.014）	0.0264 * （0.014）	0.0263 * （0.014）	0.0487 *** （0.014）
ATO			－0.0082 *** （0.003）	－0.0086 *** （0.003）	－0.0096 *** （0.003）	－0.0096 *** （0.003）	－0.0066 ** （0.003）
Cashflow				－0.0453 *** （0.014）	－0.0456 *** （0.014）	－0.0453 *** （0.014）	－0.0392 *** （0.014）
BM					－0.0090 *** （0.003）	－0.0089 *** （0.003）	－0.0076 *** （0.003）
FirmAge						－0.0034 （0.004）	－0.0029 （0.004）
Mfee							0.0341 *** （0.013）
Constant	0.0650 *** （0.001）	0.0646 *** （0.001）	0.0695 *** （0.002）	0.0719 *** （0.002）	0.0776 *** （0.003）	0.0875 *** （0.012）	0.0794 *** （0.012）
Observations	3352	3352	3352	3352	3352	3352	3352
R－squared	0.030	0.031	0.034	0.038	0.045	0.045	0.051
Industry FE	YES	YES	YES	YES	YES	YES	YES
Year FE	YES	YES	YES	YES	YES	YES	YES
r2_within	0.00713	0.00748	0.0106	0.0149	0.0224	0.0227	0.0282
F	13.60	9.101	8.658	8.598	9.461	8.135	7.611

注：***、**、*分别表示在 1%、5% 和 10% 的显著性水平下通过检验，括号中的值为稳健标准误。

表 5－9 中的回归结果显示，模型（1）至模型（7）中核心解释变量（*Overseas*）在 1% 均通过统计显著性检验，但系数的符号为正，即中国企业 N 股上市会进一步加剧企业过度投资程度，对提高企业资本配置效率具有不利影响。

二、中国企业境外上市对投资不足的影响

（一）整体视角

以中国境外上市投资不足企业为样本，对模型（5－1）回归，得到中国企业境外上市对投资不足影响的回归结果如表5－10所示。

表5－10　　中国企业境外上市对投资不足影响的回归结果

变量	模型（1）	模型（2）	模型（3）	模型（4）	模型（5）	模型（6）	模型（7）
Overseas	－0.0097***	－0.0096***	－0.0095***	－0.0102***	－0.0060***	－0.0082***	－0.0107***
	(0.001)	(0.001)	(0.001)	(0.001)	(0.002)	(0.002)	(0.002)
ROA		－0.0134	－0.0100	－0.0027	－0.0045	－0.0044	0.0120
		(0.009)	(0.009)	(0.009)	(0.009)	(0.009)	(0.010)
ATO			－0.0074***	－0.0073***	－0.0081***	－0.0086***	－0.0049***
			(0.001)	(0.001)	(0.001)	(0.001)	(0.001)
Cashflow				－0.0325***	－0.0332***	－0.0333***	－0.0256**
				(0.010)	(0.010)	(0.010)	(0.010)
BM					－0.0037***	－0.0036***	－0.0032***
					(0.000)	(0.000)	(0.000)
FirmAge						－0.0068***	－0.0070***
						(0.001)	(0.001)
Mfee							0.0302***
							(0.005)
Constant	0.0574***	0.0577***	0.0622***	0.0638***	0.0667***	0.0869***	0.0813***
	(0.001)	(0.001)	(0.001)	(0.001)	(0.002)	(0.004)	(0.004)
Observations	6675	6675	6675	6675	6675	6675	6675
R－squared	0.031	0.032	0.036	0.039	0.047	0.050	0.061
Industry FE	YES	YES	YES	YES	YES	YES	YES
Year FE	YES	YES	YES	YES	YES	YES	YES
r2_within	0.00703	0.00770	0.0118	0.0143	0.0228	0.0258	0.0371
F	45.27	26.35	30.32	26.38	31.65	33.71	33.68

注：***、**分别表示在1%、5%的显著性水平下通过检验，括号中的值为稳健标准误。

表 5 - 10 中的回归结果显示，模型（1）至模型（7）中核心解释变量（*Overseas*）在 1% 的显著性水平下均通过统计显著性检验，系数符号为负，由此表明中国企业境外上市能够降低企业投资不足程度，优化资本配置效率。

（二）异质性视角

1. 中国企业 H 股上市对投资不足的影响

在分析得到中国企业境外上市对投资不足影响结果的基础上，进一步以中国 H 股上市投资不足企业为样本，对模型（5 - 1）回归，得到中国企业 H 股上市对投资不足影响的回归结果如表 5 - 11 所示。

表 5 - 11　　中国企业 H 股上市对投资不足影响的回归结果

变量	模型（1）	模型（2）	模型（3）	模型（4）	模型（5）	模型（6）	模型（7）
Overseas	-0.0106***	-0.0106***	-0.0104***	-0.0106***	-0.0062***	-0.0084***	-0.0110***
	(0.001)	(0.001)	(0.001)	(0.001)	(0.002)	(0.002)	(0.002)
ROA		-0.0020	0.0023	0.0044	0.0016	0.0013	0.0161
		(0.010)	(0.011)	(0.011)	(0.011)	(0.011)	(0.011)
ATO			-0.0077***	-0.0077***	-0.0082***	-0.0087***	-0.0048***
			(0.002)	(0.002)	(0.002)	(0.002)	(0.002)
Cashflow				-0.0130	-0.0149	-0.0157	-0.0094
				(0.010)	(0.010)	(0.010)	(0.010)
BM					-0.0042***	-0.0041***	-0.0035***
					(0.000)	(0.000)	(0.000)
FirmAge						-0.0068***	-0.0071***
						(0.001)	(0.001)
Mfee							0.0344***
							(0.005)
Constant	0.0573***	0.0574***	0.0621***	0.0627***	0.0659***	0.0864***	0.0804***
	(0.001)	(0.001)	(0.001)	(0.001)	(0.002)	(0.004)	(0.005)
Observations	6313	6313	6313	6313	6313	6313	6313
R - squared	0.031	0.031	0.036	0.036	0.045	0.048	0.060
Industry FE	YES	YES	YES	YES	YES	YES	YES

续表

变量	模型（1）	模型（2）	模型（3）	模型（4）	模型（5）	模型（6）	模型（7）
Year FE	YES	YES	YES	YES	YES	YES	YES
r2_within	0.00865	0.00866	0.0131	0.0135	0.0224	0.0255	0.0380
F	53.53	27.42	30.61	23.85	37.96	38.90	38.47

注：*** 表示在 1% 的显著性水平下通过检验，括号中的值为稳健标准误。

表 5－11 中的回归结果显示，模型（1）至模型（7）中核心解释变量（*Overseas*）在 1% 的显著性水平下均通过统计显著性检验，且系数符号为负，表明中国企业 H 股上市能够降低投资不足程度，提高资本配置效率。

2. 中国企业 N 股上市对投资不足的影响

与上述分析相同，以中国 N 股上市投资不足企业为样本，对模型（5－1）回归，得到中国企业 N 股上市对投资不足影响的回归结果如表 5－12 所示。

表 5－12　　中国企业 N 股上市对投资不足影响的回归结果

变量	模型（1）	模型（2）	模型（3）	模型（4）	模型（5）	模型（6）	模型（7）
Overseas	－0.0027 （0.004）	－0.0016 （0.004）	－0.0017 （0.004）	－0.0026 （0.004）	0.0041 （0.005）	0.0029 （0.005）	－0.0059 （0.005）
ROA		0.0104 （0.014）	0.0117 （0.014）	0.0143 （0.014）	0.0149 （0.014）	0.0149 （0.014）	0.0364 ** （0.015）
ATO			－0.0047 ** （0.002）	－0.0049 ** （0.002）	－0.0053 ** （0.002）	－0.0055 ** （0.002）	－0.0008 （0.002）
Cashflow				－0.0185 （0.012）	－0.0170 （0.012）	－0.0164 （0.012）	－0.0088 （0.012）
BM					－0.0041 ** （0.002）	－0.0039 ** （0.002）	－0.0037 * （0.002）
FirmAge						－0.0031 （0.003）	－0.0033 （0.003）
Mfee							0.0482 *** （0.010）

续表

变量	模型（1）	模型（2）	模型（3）	模型（4）	模型（5）	模型（6）	模型（7）
Constant	0.0580***	0.0578***	0.0608***	0.0618***	0.0645***	0.0737***	0.0656***
	(0.001)	(0.001)	(0.002)	(0.002)	(0.002)	(0.009)	(0.009)
Observations	3521	3521	3521	3521	3521	3521	3521
R - squared	0.040	0.040	0.042	0.042	0.046	0.046	0.060
Industry FE	YES	YES	YES	YES	YES	YES	YES
Year FE	YES	YES	YES	YES	YES	YES	YES
r2_within	0.000167	0.000523	0.00191	0.00275	0.00608	0.00638	0.0214
F	0.454	0.422	1.570	1.926	2.281	2.375	4.852

注：***、**、*分别表示在1%、5%和10%的显著性水平下通过检验，括号中的值为稳健标准误。

表5-12中的回归结果显示，模型（1）至模型（7）中核心解释变量（*Overseas*）均未通过统计显著性检验，该结论表明中国企业N股上市对投资不足影响效果不明显。

三、实证结果分析

上述实证研究结果表明：（1）从整体视角看，中国企业境外上市行为能够降低过度投资和投资不足程度，从而起到提高资本配置效率的效果；（2）从境外地点维度看：中国企业中国香港上市能够降低过度投资和投资不足程度；中国企业美国上市会加剧过度投资程度，对投资不足的影响并不明显。

从整体视角看，中国企业境外上市行为能够降低过度投资和投资不足程度的根源在于：中国证券市场发展起步较晚，与境外证券市场相比，中国证券市场的市场化程度明显偏低，中国企业到境外市场化程度更高的证券市场上市，有助于发挥市场在资源配置中的决定性作用，降低过度投资和投资不足程度。

从境外上市地点维度看，中国企业中国香港上市降低过度投资和投资不足程度的效果明显，而中国企业美国上市只会加剧过度投资程度，且对投资不足的影响并未通过检验。究其根源在于：从世界主要证券市场看，中国香港证券市场的市场化程度处于绝对领先地位；而美国证券市场在运行过程中受政策的干预过于明显，如在 2002 年《萨班斯—奥克斯利法案》的约束下，境外企业在美上市成本增加了 35%，《外国公司问责法案》（HFCAA）的实施造成相当一部分中国企业从美国退市。受此影响，中国企业美国上市无法起到降低过度投资和投资不足的效果，甚至会加剧过度投资程度。

第四节　稳健性检验

为进一步验证上述实证研究结论的科学性与可行性，本部分采用剔除特殊年份样本值、控制变量滞后一期处理、安慰剂检验、反事实检验、熵平衡匹配法（EBM）等稳健性检验方法，对上述 11 个维度[①]的实证检验结果进行稳健性检验。

一、剔除特殊年份样本值

从时间维度看，2013 年 6 月，中国金融市场出现流动性危机，同业拆借利率飙升，爆发“钱荒”事件，不仅影响了货币市场，还延伸到股票和信托市场，加剧了中国企业面临的“融资难”“融资贵”（蔡真和万兆，2023）；此外，中国股市在 2015 年发生“股市熔断”，

① 本节稳健性检验结果中，表 5－13、表 5－14 和表 5－15 的模型（1）—模型（11）分别对应第一节和第二节分析中所涉及的 11 个维度。其中模型（1）对应：中国企业境外上市对资本配置效率的影响；模型（2）和模型（3）分别对应中国企业 H 股上市和 N 股上市对资本配置效率的影响；模型（4）和模型（5）分别对应中国国有企业和民营企业境外上市对资本配置效率的影响；模型（6）对应中国企业境外上市对过度投资的影响；模型（7）和模型（8）分别对应中国企业 H 股上市和 N 股上市对过度投资的影响；模型（9）对应中国企业境外上市对投资不足的影响；模型（10）和模型（11）分别对应中国企业 H 股上市和 N 股上市对投资不足的影响。

上证综合指数经历了快速上涨至5000点，后又急速下跌的动荡过程，导致金融市场的不确定性增加，直接影响了企业的债务和权益融资成本。考虑到2013年和2015年的特殊性，本部分将该两个年份的样本剔除，对上述11个维度的研究结论进行稳健性检验，检验结果如表5-13所示。

表5-13中的回归结果显示：模型（1）中核心解释变量（*Overseas*）在1%的显著性水平下通过统计显著性检验，且系数符号为正，该结果与表5-2的结果一致；模型（3）和模型（4）中的结果表明，中国企业H股上市对提高资本配置效率具有显著正向影响，而N股上市不利于提高企业资本配置效率，该结论与表5-3和表5-4的结论一致；模型（4）和模型（5）中核心解释变量（*Overseas*）在1%的显著性水平均通过统计显著性检验，且系数符号为正，即无论是国有企业还是民营企业，境外上市均有助于其提高资本配置效率，该结论与表5-5、表5-6中的结论一致。模型（6）中核心解释变量（*Overseas*）未通过统计显著性检验，但系数符号为负，在一定程度上表明中国企业境外上市能够降低过度投资程度，该结论与表5-7中结论一致；模型（7）和模型（8）的结果表明，中国企业H股上市能够降低过度投资程度，N股上市则会进一步加剧过度投资程度，该结论与表5-8和表5-9保持一致；模型（9）至模型（11）的回归结果与表5-10、表5-11、表5-12的结论一致。基于上述分析，可知将特殊年份的样本值剔除后，实证研究结论依旧可靠。

二、控制变量进行滞后一期处理

考虑到中国企业境外上市对资本配置效率的影响可能存在一定程度的时滞性，本部分参照李沁洋等（2023）的做法，将控制变量做滞后一期处理，消除当期企业经营对资本配置效率的影响。处理后对模型（5-1）进行回归，得到上述11个维度的稳健性检验结果如表5-14所示。

表 5-13　剔除特殊年份样本值后的回归结果

变量	模型（1）	模型（2）	模型（3）	模型（4）	模型（5）	模型（6）	模型（7）	模型（8）	模型（9）	模型（10）	模型（11）
Overseas	0.0079***	0.0094***	-0.0078*	0.0063***	0.0087***	-0.0024	-0.0053**	0.0245***	-0.0111***	-0.0115***	-0.0057
	(0.001)	(0.001)	(0.004)	(0.002)	(0.002)	(0.002)	(0.002)	(0.007)	(0.002)	(0.002)	(0.005)
Constant	-0.0903***	-0.0908***	-0.0714***	-0.0667***	-0.0941***	0.0956***	0.0976***	0.0697***	0.0854***	0.0846***	0.0732***
	(0.004)	(0.004)	(0.008)	(0.007)	(0.005)	(0.007)	(0.007)	(0.013)	(0.005)	(0.005)	(0.010)
Observations	11143	10533	6121	3886	7257	5146	4875	2925	5997	5658	3195
R-squared	0.053	0.052	0.046	0.054	0.051	0.054	0.050	0.054	0.060	0.059	0.058
Controls FE	YES	YES	YES	YES	YES	YES	YES	YES	YES	YES	YES
Industry FE	YES	YES	YES	YES	YES	YES	YES	YES	YES	YES	YES
Year FE	YES	YES	YES	YES	YES	YES	YES	YES	YES	YES	YES
r2_within	0.0349	0.0357	0.0199	0.0381	0.0324	0.0364	0.0343	0.0311	0.0349	0.0358	0.0156
F	51.22	62.70	8.071	21.79	30.21	20.66	24.45	6.626	30.63	35.67	3.768

注：***、**、*分别表示在1%、5%和10%的显著性水平下通过检验，括号中的值为稳健标准误。

表 5 – 14　　对控制变量进行滞后一期处理后的回归结果

变量	模型（1）	模型（2）	模型（3）	模型（4）	模型（5）	模型（6）	模型（7）	模型（8）	模型（9）	模型（10）	模型（11）
Overseas	0.0060 ***	0.0074 ***	-0.0130 ***	0.0059 ***	0.0053 ***	-0.0034	-0.0055 **	0.0239 ***	-0.0069 ***	-0.0077 ***	0.0020
	(0.001)	(0.001)	(0.004)	(0.002)	(0.002)	(0.002)	(0.002)	(0.007)	(0.002)	(0.002)	(0.006)
Constant	-0.0791 ***	-0.0802 ***	-0.0713 ***	-0.0656 ***	-0.0805 ***	0.0809 ***	0.0818 ***	0.0763 ***	0.0758 ***	0.0768 ***	0.0675 ***
	(0.004)	(0.004)	(0.008)	(0.006)	(0.005)	(0.006)	(0.006)	(0.014)	(0.004)	(0.005)	(0.009)
Observations	10395	9859	5383	3816	6579	4847	4607	2629	5548	5252	2752
R – squared	0.050	0.049	0.040	0.055	0.047	0.049	0.048	0.049	0.061	0.060	0.061
Controls FE	YES	YES	YES	YES	YES	YES	YES	YES	YES	YES	YES
Industry FE	YES	YES	YES	YES	YES	YES	YES	YES	YES	YES	YES
Year FE	YES	YES	YES	YES	YES	YES	YES	YES	YES	YES	YES
r2_within	0.0311	0.0309	0.0162	0.0358	0.0276	0.0307	0.0311	0.0266	0.0369	0.0362	0.0212
F	48.59	51.95	7.296	24.19	25.06	21.34	25.04	6.153	29.08	28.16	5.651

注：***、** 分别表示在 1%、5% 的显著性水平下通过检验，括号中的值为稳健标准误。

表5－14的回归结果显示，模型（1）至模型（5）中核心解释变量（*Overseas*）在1%的显著性水平下均通过统计显著性检验，模型（3）中回归系数为负，其余均为正值，即表明：（1）从全样本视角看，中国企业境外上市能够显著促进资本配置效率提升；（2）从上市地点维度看，中国企业H股上市对资本配置效率提升具有正向影响，N股上市对资本配置效率提升具有负向影响；（3）从企业所有权性质看，无论是国有企业还是民营企业，其进行境外上市均有助于提高企业资本配置效率。模型（1）至模型（5）的回归结果与表5－2、表5－3、表5－4、表5－5和表5－6的结论一致。另外，从过度投资和投资不足的视角看，模型（6）和模型（7）中核心解释变量（*Overseas*）回归系数为负，模型（8）中核心解释变量（*Overseas*）系数符号为正，该结论与表5－7、表5－8和表5－9中的结论一致；与此同时，模型（9）和模型（10）中核心解释变量（*Overseas*）在1%的显著性水平下通过统计显著性检验，且系数符号为负，即从整体视角和H股上市的视角看，境外上市能够降低投资不足程度，模型（11）回归结果表明中国企业N股上市对投资不足的影响效果不明显，该结论与上述结论保持一致。

三、安慰剂检验

为了检验企业资本配置效率是否受到不可观测变量和其他因素的影响，排除虚假对应关系对实证研究结论产生的影响，本部分参考蔡真和万兆（2023）、申明浩等（2022）等的研究，将样本中核心解释变量和被解释变量的真实对应关系打乱，随机匹配后重新进行回归检验，将此过程循环重复500次，并获取回归后的虚假系数和虚假T值的核密度估计图。按照该研究方法，分别对上述11个维度的实证研究结果进行稳健性检验，各个维度的核心解释变量虚假系数、P值、T值分布情况分别如图5－1至图5－11所示。

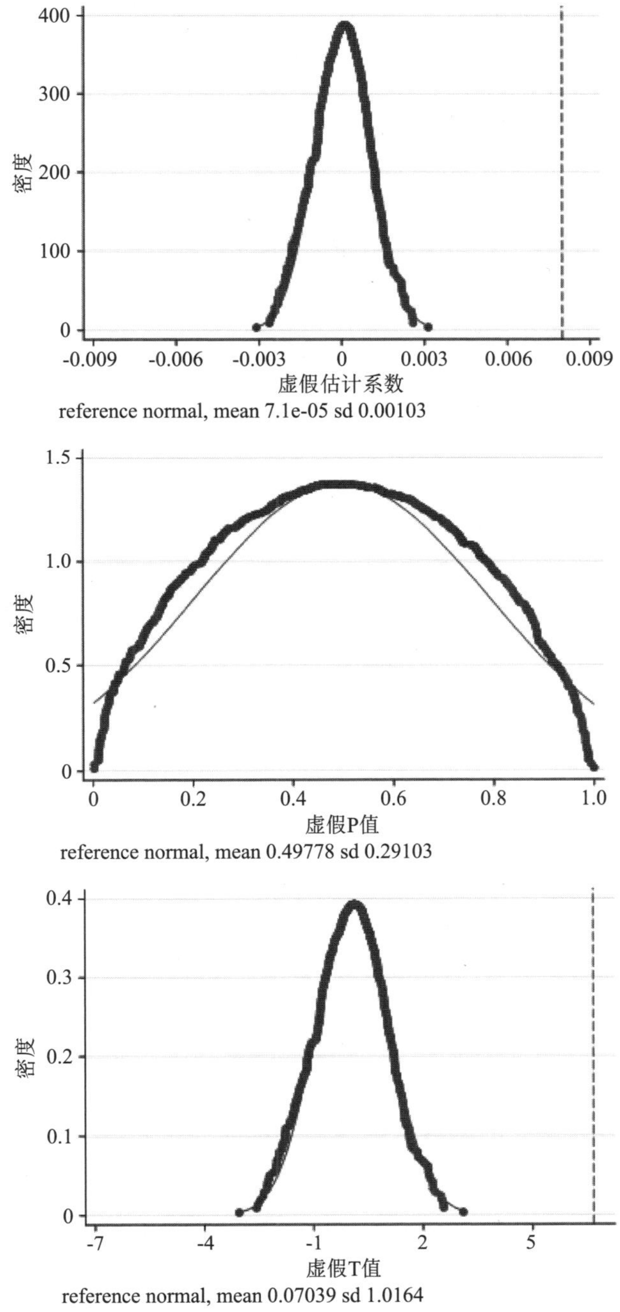

图 5－1　中国企业境外上市对资本配置效率影响的安慰剂检验

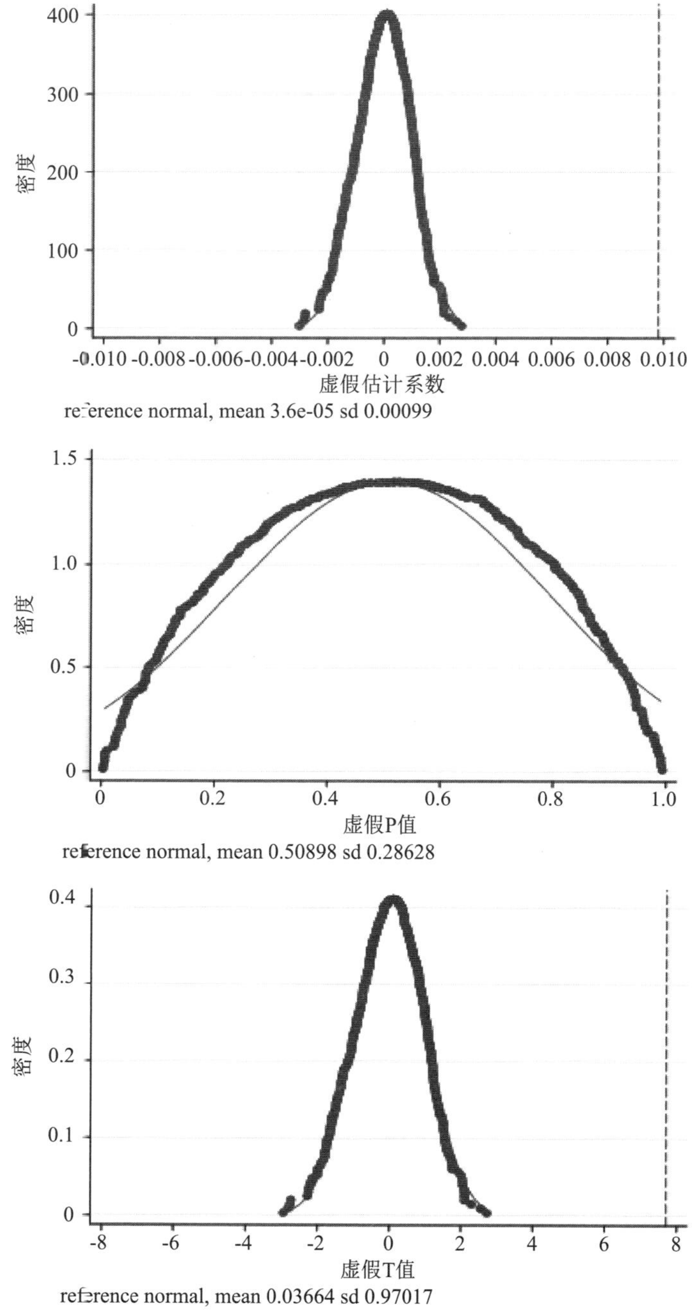

图 5－2　中国企业 H 股上市对资本配置效率影响的安慰剂检验

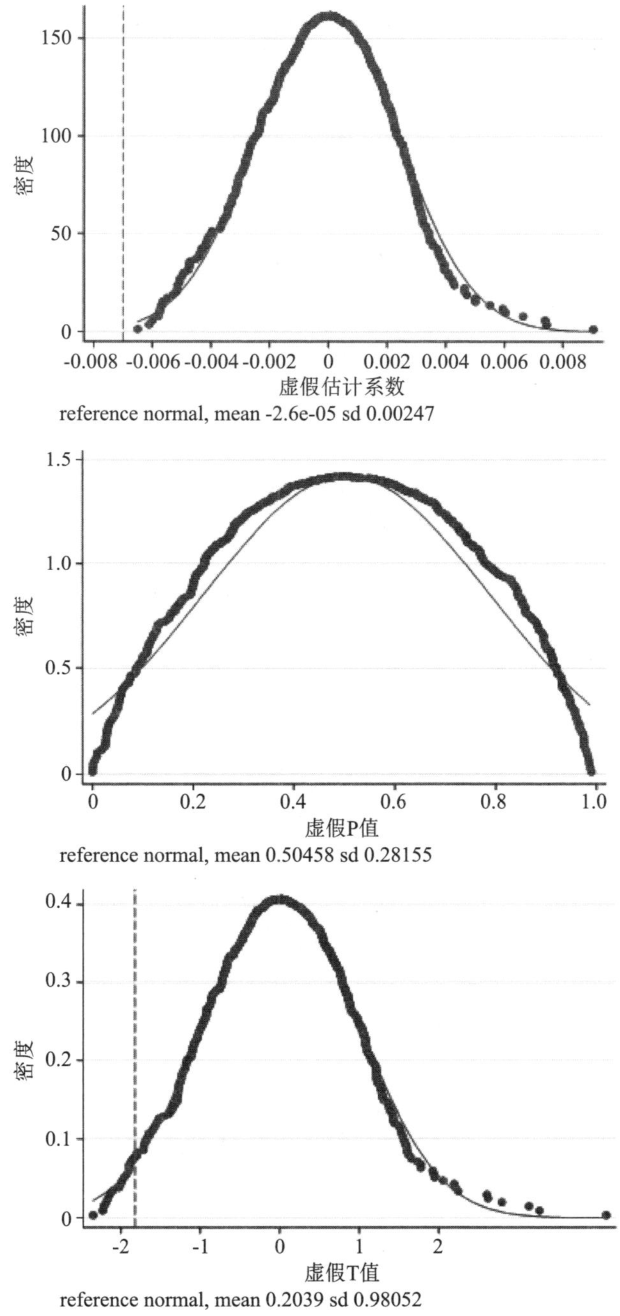

图 5－3　中国企业 N 股上市对资本配置效率影响的安慰剂检验

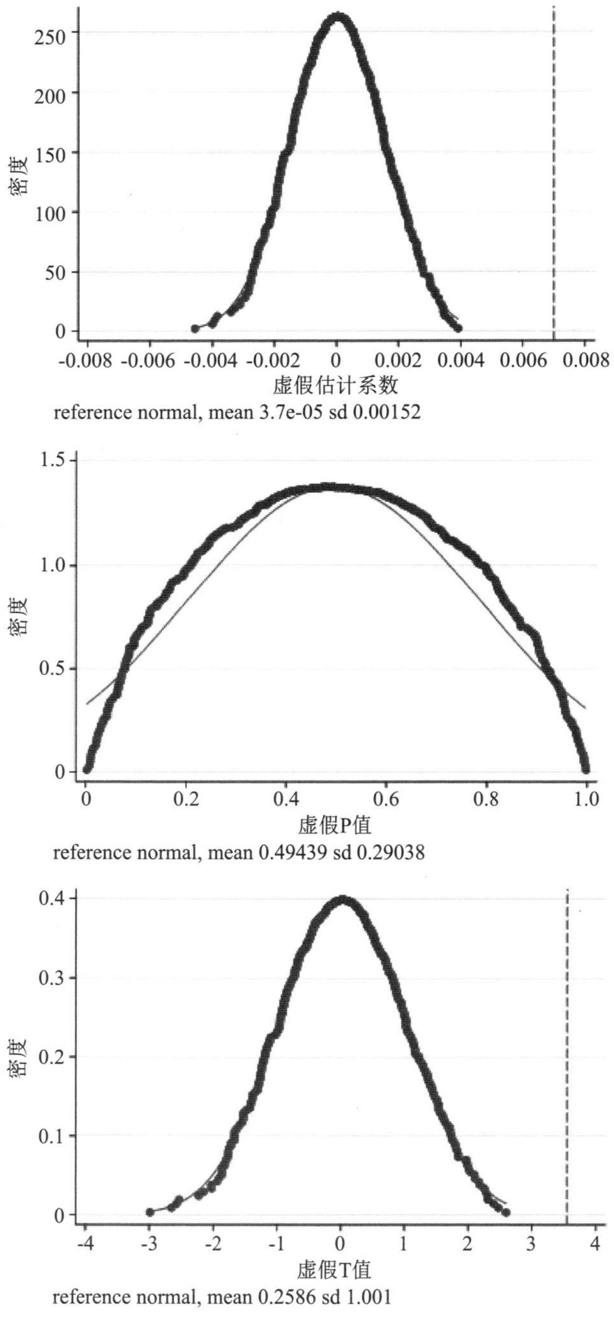

图 5-4　国有企业境外上市对资本配置效率影响的安慰剂检验

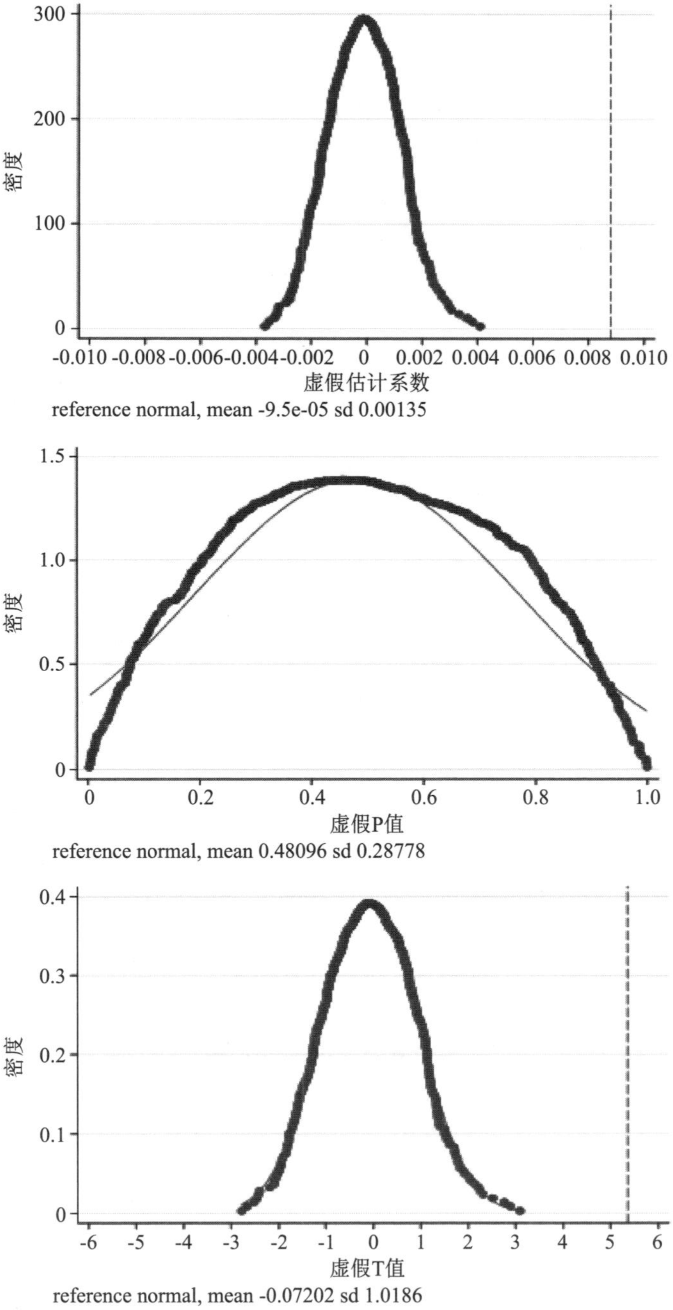

图 5－5　民营企业境外上市对资本配置效率影响的安慰剂检验

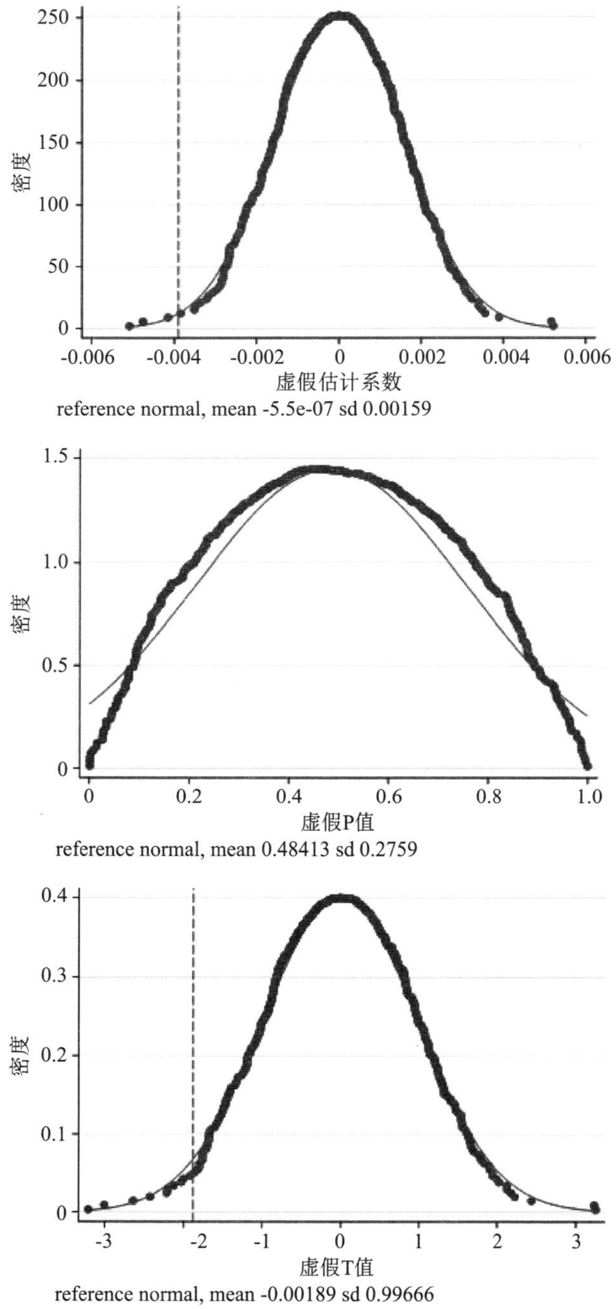

图5-6　中国企业境外上市对过度投资影响的安慰剂检验

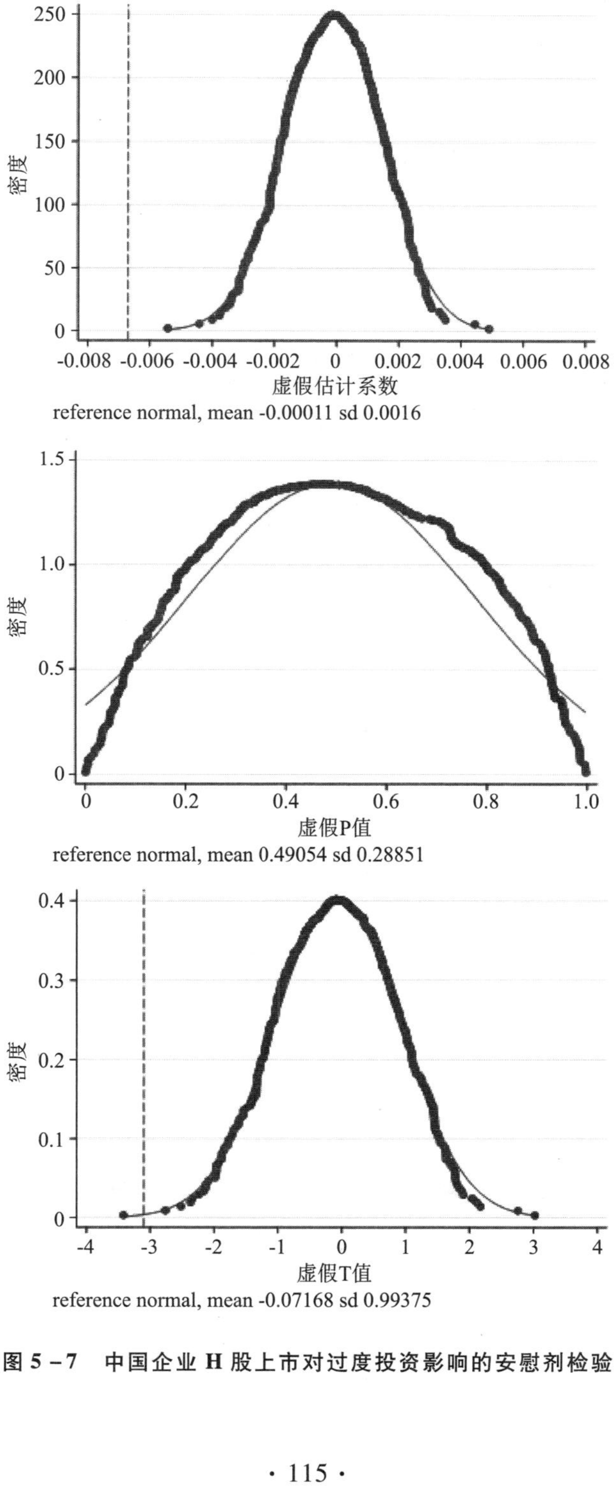

图 5－7 中国企业 H 股上市对过度投资影响的安慰剂检验

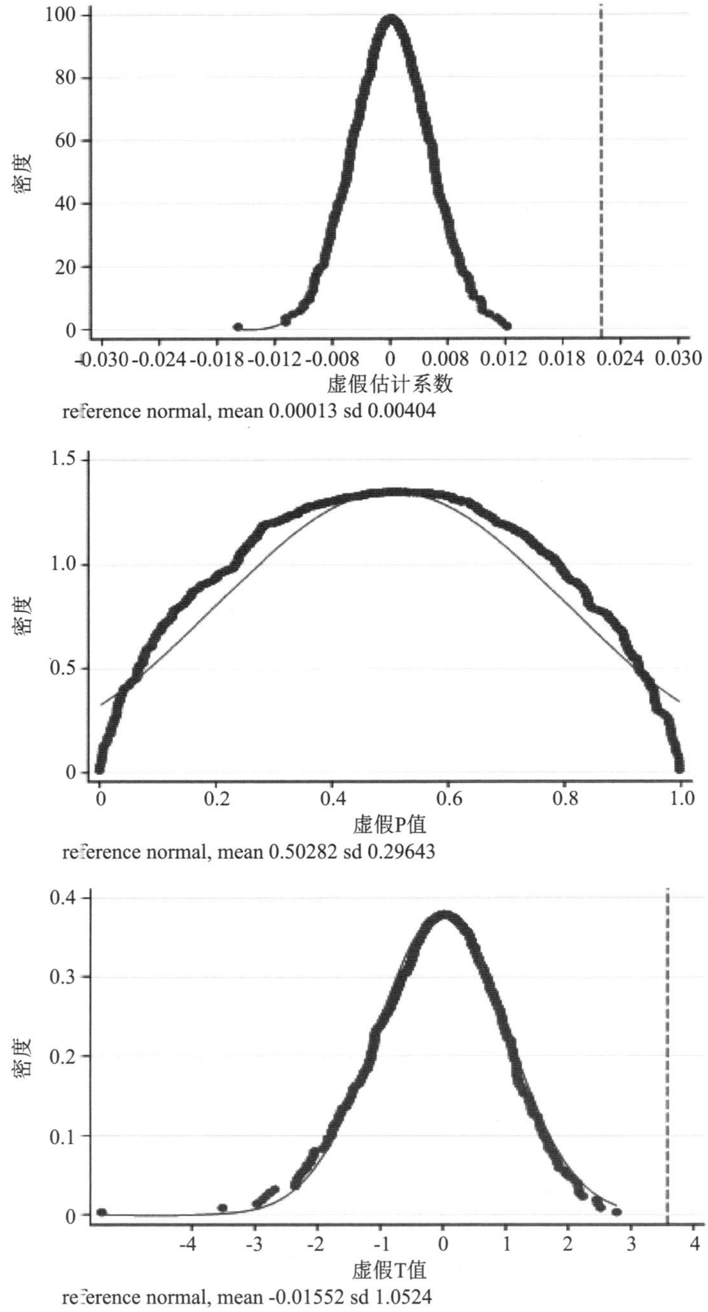

图 5-8　中国企业 N 股上市对过度投资影响的安慰剂检验

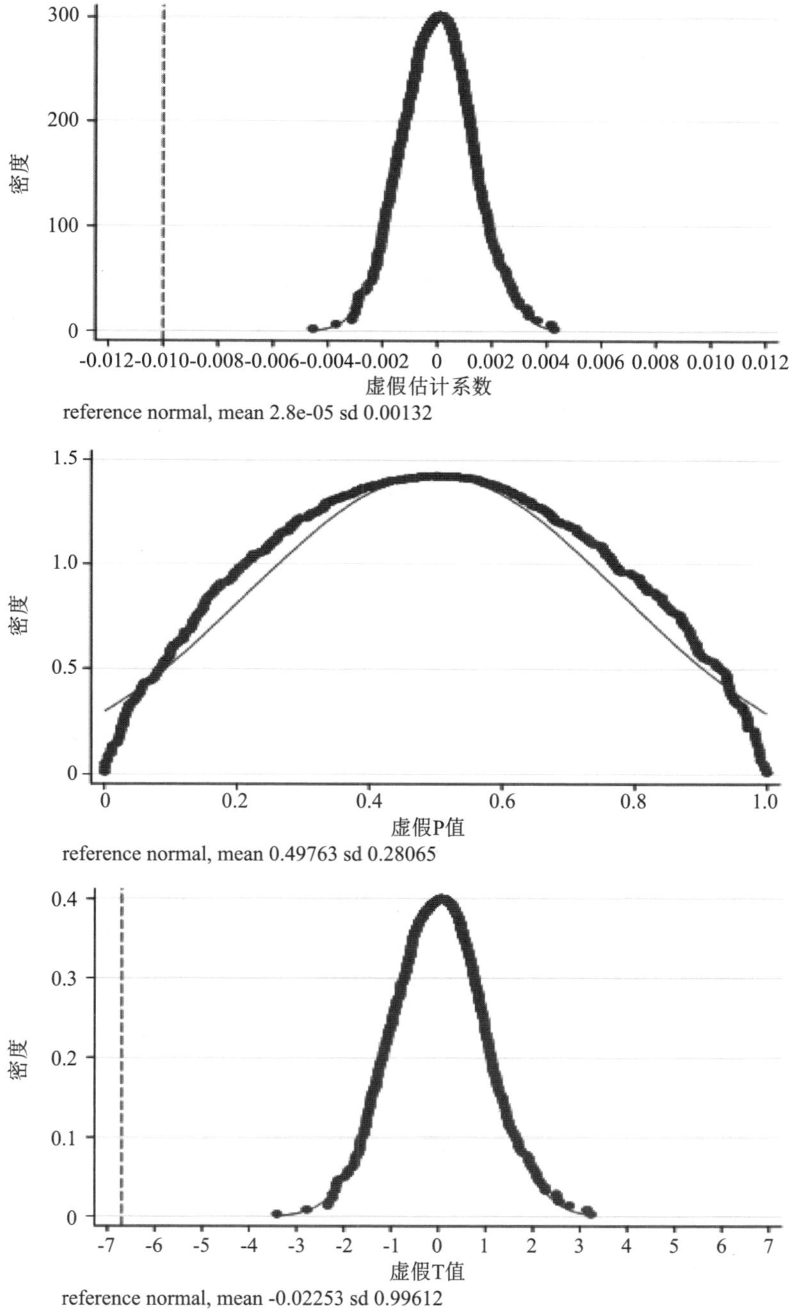

图 5-9　中国企业境外上市对投资不足影响的安慰剂检验

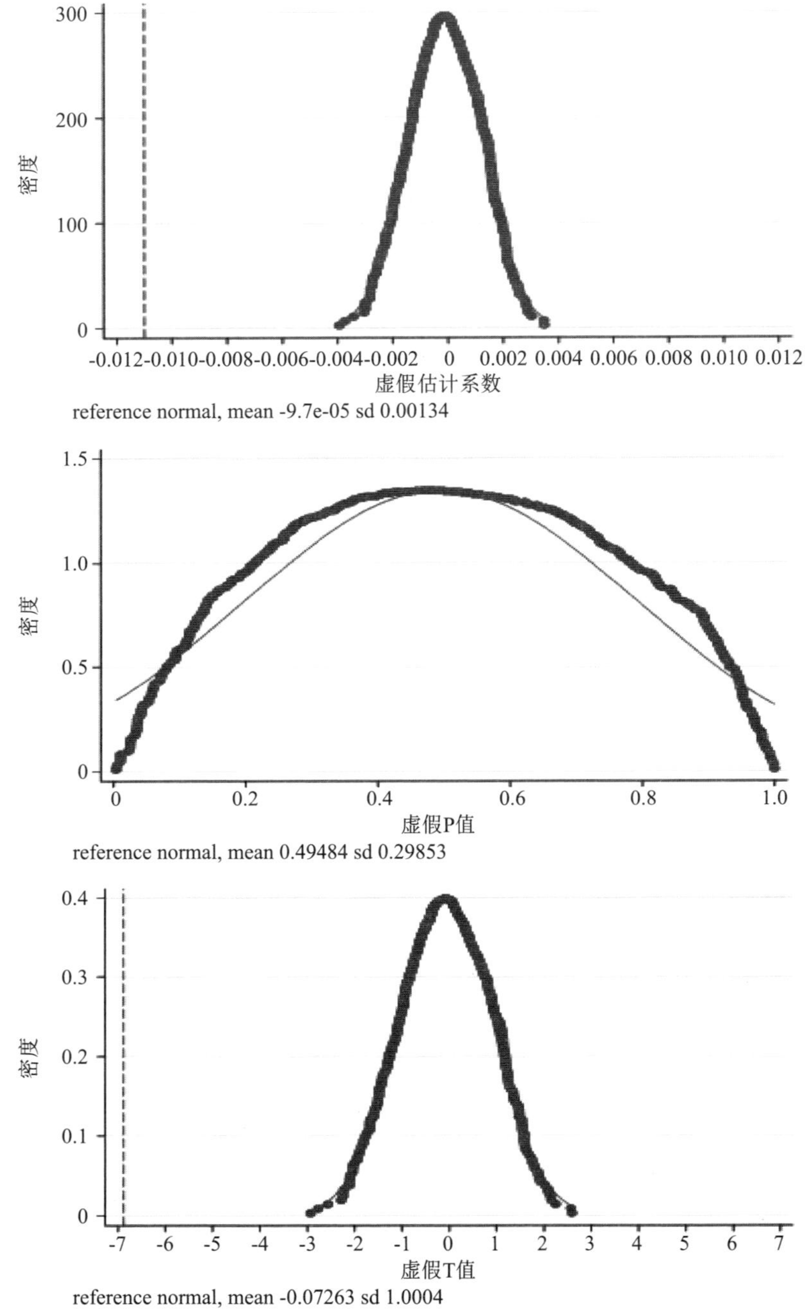

图 5－10　中国企业 H 股上市对投资不足影响的安慰剂检验

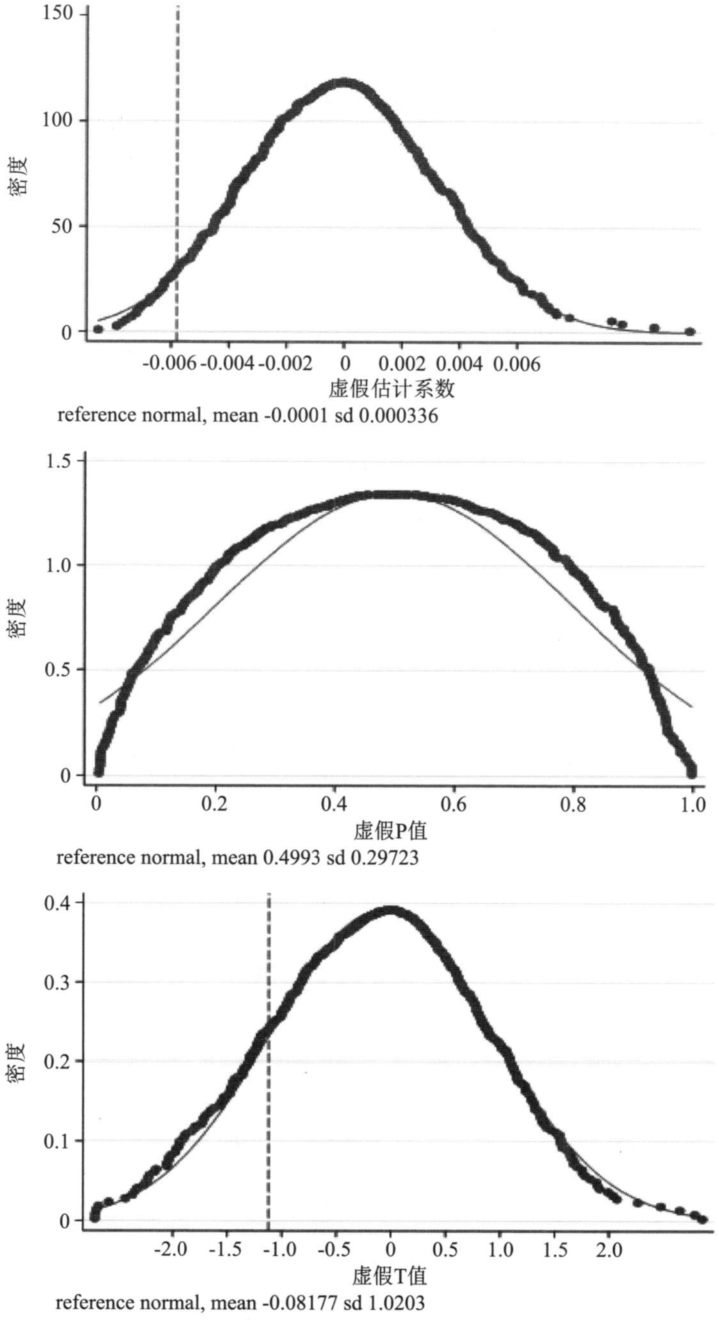

图 5－11　中国企业 N 股上市对投资不足影响的安慰剂检验

从上述11个维度安慰剂检验结果可知，各核心解释变量的系数均值和T值均值均接近于0，并大体呈均值为0的正态分布，而真实核心解释变量的系数和T值均远离虚假值，即表明随机抽样的上市结果不会显著影响企业资本配置效率，研究结论稳健。

四、反事实检验

为了进一步检验上述结论的科学性与可信性，本部分参照罗富政和赖纹慧（2024）、王鑫和吴斌珍（2011）等的研究进行反事实检验。具体操作为，将中国境内上市与境外上市企业对调，利用虚假事实对模型（5-1）进行估计。上述11个维度反事实检验结果如表5-15所示。

表5-15中的回归结果显示，模型（1）、模型（2）、模型（4）和模型（5）中核心解释变量（*Overseas*）在1%的显著性水平下均通过统计显著性检验，且系数符号为负，该结论与表5-2、表5-3、表5-5和表5-6中的结论相反；模型（3）中核心解释变量（*Overseas*）的回归系数符号为正，与表5-4中的结论相反。从过度投资、投资不足的视角看，模型（6）至模型（8）、模型（9）至模型（11）中核心解释变量（*Overseas*）对过度投资和投资不足的影响也与前述结论相反。即将中国企业境外上市事实进行反事实检验后，系数符号与前述结论相反。该检验结果在一定程度上表明，前述研究结论具有较高的可信性。

五、熵平衡匹配法（EBM）

为减少样本自选择偏差带来的影响，本部分参考李瑛玫等（2024）、陈涛琴等（2023）的研究，采用熵平衡匹配法（EBM）对前述11个维度的回归结果进行稳健性检验。具体操作过程为：（1）将样本进行分组，将境外上市企业设置为处理组（Treat=1），将境内上市企业设置为对照组（Treat=0），以原模型中的控制变量为协变量；（2）将处理组和控制组协变量的一、二、三阶矩进行调整，使其在不同矩约束条件下精确匹配；（3）对加权平衡后的样本重新进行检验，得到上述各维度的回归结果如表5-16所示。

表 5-15 反事实检验的回归结果

变量	模型（1）	模型（2）	模型（3）	模型（4）	模型（5）	模型（6）	模型（7）	模型（8）	模型（9）	模型（10）	模型（11）
Overseas	-0.0084***	-0.0098***	0.0073*	-0.0072***	-0.0089***	0.0040*	0.0067***	-0.0223***	0.0107***	0.0110***	0.0059
	(0.001)	(0.001)	(0.004)	(0.002)	(0.002)	(0.002)	(0.002)	(0.006)	(0.002)	(0.002)	(0.005)
Constant	-0.0800***	-0.0791***	-0.0792***	-0.0580***	-0.0836***	0.0918***	0.0912***	0.1017***	0.0706***	0.0693***	0.0597***
	(0.003)	(0.004)	(0.008)	(0.006)	(0.004)	(0.006)	(0.006)	(0.013)	(0.004)	(0.004)	(0.010)
Observations	12532	11869	6874	4431	8101	5857	5556	3352	6675	6313	3521
R-squared	0.053	0.053	0.046	0.053	0.051	0.051	0.050	0.051	0.061	0.060	0.060
Controls FE	YES	YES	YES	YES	YES	YES	YES	YES	YES	YES	YES
Industry FE	YES	YES	YES	YES	YES	YES	YES	YES	YES	YES	YES
Year FE	YES	YES	YES	YES	YES	YES	YES	YES	YES	YES	YES
r2_within	0.0353	0.0366	0.0220	0.0378	0.0326	0.0341	0.0340	0.0282	0.0371	0.0380	0.0214
F	56.60	68.93	9.991	23.65	33.36	22.64	27.45	7.611	33.68	38.47	4.852

注：***、*分别表示在1%、10%的显著性水平下通过检验，括号中的值为稳健标准误。

表 5-16　　熵平衡匹配法回归结果

变量	模型（1）	模型（2）	模型（3）	模型（4）	模型（5）	模型（6）	模型（7）	模型（8）	模型（9）	模型（10）	模型（11）
Overseas	0.0134***	0.0149***	-0.0057	0.0125***	0.0134***	-0.0053*	-0.0085***	0.0201**	-0.0196***	-0.0198***	-0.0103
	(0.002)	(0.002)	(0.005)	(0.003)	(0.003)	(0.003)	(0.003)	(0.008)	(0.003)	(0.002)	(0.007)
Constant	-0.0848***	-0.0844***	-0.0572***	-0.0582***	-0.0890***	0.0908***	0.0924***	0.0694***	0.0785***	0.0760***	0.0457***
	(0.004)	(0.005)	(0.010)	(0.008)	(0.005)	(0.007)	(0.007)	(0.014)	(0.006)	(0.006)	(0.014)
Observations	12532	11869	6874	4431	8101	5857	5556	3352	6675	6313	3521
R-squared	0.092	0.098	0.108	0.113	0.088	0.068	0.071	0.080	0.122	0.131	0.157
Controls FE	YES	YES	YES	YES	YES	YES	YES	YES	YES	YES	YES
Industry FE	YES	YES	YES	YES	YES	YES	YES	YES	YES	YES	YES
Year FE	YES	YES	YES	YES	YES	YES	YES	YES	YES	YES	YES
r2_within	0.0756	0.0825	0.0851	0.0876	0.0695	0.0450	0.0480	0.0453	0.103	0.112	0.121
F	35.95	41.34	6.790	18.33	20.10	17.48	21.03	6.669	25.09	26.91	6.232

注：***、**、*分别表示在1%、5%和10%的显著性水平下通过检验，括号中的值为稳健标准误。

表5-16中的结果显示，模型（1）中核心解释变量（*Overseas*）在1%的显著性水平下通过检验，且系数符号为正，表明中国企业境外上市有助于提高企业资本配置效率，该结论与表5-2中结论一致；模型（2）和模型（3）中，核心解释变量（*Overseas*）的系数符号一正一负，表明中国企业H股上市能够促进资本配置效率提升，而N股上市不利于提高企业资本配置效率，该结论与表5-3和表5-4中结论一致；模型（4）和模型（5）中，核心解释变量（*Overseas*）在1%的显著性水平下均通过统计显著性检验，表明无论是国有企业还是民营企业，境外上市均有助于其提高资本配置效率，该结论与表5-5和表5-6中结论一致。更进一步，从过度投资的视角看，模型（6）中核心解释变量（*Overseas*）系数符号为负，且在10%的显著性水平下通过统计显著性检验，表明中国企业境外上市能够降低过度投资程度，该结论与表5-7中结论保持一致。此外，模型（7）和模型（8）中核心解释变量（*Overseas*）分别在1%和5%的显著性水平下通过检验，其中模型（7）中核心解释变量（*Overseas*）系数符号为负，模型（8）中为正，表明中国企业H股上市能够降低过度投资程度，而N股上市则会进一步加剧过度投资程度，该结论与表5-8、表5-9中的结论一致；从投资不足的视角看，模型（9）中核心解释变量（*Overseas*）在1%的显著性水平下通过统计显著性检验，且系数符号为负，即中国企业境外上市能够降低投资不足程度，该结论与表5-10中结论一致；模型（10）和模型（11）的回归结果表明，中国企业H股上市能够降低企业投资不足程度，N股上市对企业投资不足的影响效果不明显，该结论与表5-11和表5-12中的结论一致。由此表明，在纠正样本自选择偏差后，上述11个维度依旧稳健。

上述稳健性检验结果表明，通过剔除特殊年份样本值、对控制变量做滞后一期处理、安慰剂检验、反事实检验、熵平衡匹配法（EBM）五种常用稳健性检验方法检验，所得研究结论始终与前文结论一致，由此可以充分说明本部分的实证研究结论具有较高科学性与可信性，研究结论稳健。

第五节　本章小结

本章通过构建计量经济模型，并采用面板数据分析方法，探讨了双循环格局下中国企业境外上市对资本配置效率的影响。研究发现，中国企业境外上市能够显著提高企业的资本配置效率，这得益于境外市场相对于国内市场的成熟和规范，以及其对信息披露和公司治理的严格要求。同时，不同上市地点对中国企业资本配置效率的影响存在差异，中国香港证券市场（H股）上市对中国企业资本配置效率的提升具有积极作用，而美国证券市场（N股）上市则呈现相反的效果，这可能与美国市场严格的监管和合规要求有关。此外，无论是国有企业还是民营企业，境外上市都有助于提高资本配置效率，这表明境外上市机制能够有效促进不同所有权性质企业的资源优化配置。

进一步的分析显示，香港市场上市不仅能够降低企业的过度投资程度，还能够减轻投资不足的问题，从而全面优化资本配置效率。这一发现对于理解中国企业如何通过境外上市实现资源优化配置具有重要意义。总体而言，境外上市是中国企业实现资本配置效率提升、促进高质量发展的重要途径。研究通过多种方法确保了结论的稳健性，这一发现对于政策制定者、企业决策者和投资者都具有重要的参考价值，为进一步优化资本市场结构、促进经济高质量发展提供了实证依据。

第六章

中国企业境外上市对资本配置效率影响的机制分析

在新发展格局下，推动企业境外上市是中国畅通国内国际经济循环的重要抓手。从1993年党的十四届三中全会开始，公司治理问题一直受到党和国家的高度关注，《上市公司治理准则》《关于中央企业在完善公司治理中加强党的领导的意见》《中央企业合规管理办法》《中华人民共和国公司法》《关于部分非银机构差异化适用公司治理等相关监管规定的通知》等一系列法律、文件均明确提及提高公司治理水平。不可否认，公司治理水平是影响中国企业资本配置效率的一个重要因素。第五章中计量分析结果表明，双循环格局下中国企业境外上市有助于提高资本配置效率，该影响效果产生的内在机制是什么？有何运行逻辑？本章将对以上问题做出回答。

第一节　公司治理水平测算模型构建

在双循环新发展格局的构建过程中，中国企业境外上市既有“引进来”的某些特性，又具有“走出去”的某些特征，更为重要的是中国企业境外上市将会引入外部的竞争机制，与外国企业在境外资本市场竞争，从而倒逼中国企业完善公司治理机制，提高公司治理水平。基于此，本节首先对公司治理概念进行界定，在此基础上构建中国上市企业公司治理水平测度指标体系，对中国境外上市与境内上市企业的公司治理水平进行测算与评价。

一、公司治理概念的界定

关于公司治理问题最早的研究可以追溯至 Berle 和 Means（1932）在《现代公司和私人产权》中对美国非金融公司的考察，随后 Means（1939）提出两权分离理论，Jensen 和 Meckling（1976）提出委托代理理论，公司治理理论日臻完善。

随着经济迅猛发展，公司治理在现代经济中的地位日益提升，国内外诸多学者展开了对公司治理问题的研究。Hart（1995）将公司治理解读为代理成本降低。Lipton 等（1995）、马志奇和马立群（2018）等认为公司治理即为公司制衡方之间相互制约的一种制度安排，为了使企业在经营中产生最佳业绩，有效降低公司所有者（股东、董事会）与经营者（经理层）之间的委托代理冲突，公司治理便应运而生。Tirole（2001）认为选择出最具能力并对投资者负责的经理人是一个较好的公司治理结构。一般认为，公司治理水平高低是内部控制水平和公司管理水平的体现（胡国柳和赵阳，2017），高效的公司治理水平对提升企业绩效具有积极作用（叶陈刚和裘丽等，2016；周清杰，2003）。

综合国内外学者的相关研究，本研究认为公司治理是用于协调股东、董事会、监事会、经理层关系，促进信息披露质量提升的一种综合性制度安排，其目的在于助力企业绩效提升。

二、测算指标选取

目前，世界范围内从机构（世界银行）、国家（日本、韩国）、高校（南开大学、台湾辅仁大学、香港城市大学）到个人（杰克逊·马丁德尔、宫岛英昭等），均有相关研究对公司治理水平进行了评价，形成相对完善的公司治理评价体系。

概括起来讲，对公司治理水平评价需要从董事会、股权结构、信息披露等维度进行综合性评价（白重恩等，2005；许小芳等，2020；李向荣等，2015）。从董事会看，股东通过董事会对公司管理层施加影响，董事会规模越大，其独立性和决策性就越强，其对提高公司治理水平的作用越明显。此外，已有研究表明，董事会中独立董事占比越高越有助于保护股东利益，进而充分发挥董事会的管理监督作用；而当公司最高管理者（CEO）同时兼任董事长时，则容易造成董事会被个人控制，使得董事会的独立作用难以发挥，使公司经营利益受损（白重恩等，2005）。从股权结构看，在公司治理理论中，股权结构被认为是公司治理的关键环节，合理的股权结构有助于促进公司价值最大化。而过于集中的股权结构，极易导致第一大控股股东利用公司资源谋求个人利益，放大“隧道行为”（白重恩等，2005；胡国柳和赵阳，2017；叶陈刚等，2016）。当股权结构为“橄榄型”时，此时股权被众多股东分散持有，第一大股东的“隧道行为”将会受到阻碍，从而便于对企业进行优化管理，推动企业创新。从信息披露看，公司的经营信息和财务数据需要定期向社会进行披露。监事会作为公司内部与董事会并行的公司机关，对公司经营绩效负责，发挥内部监督职能（李爽和吴溪，2003），公司治理理论也表明，监事会规模越大，监督能力会越强。此外，会计师事务所对企业的财务信息披露进行外部监督。吴秋生和王少华（2018）指出国际“四大”会计师事务所审计有助于提高公司财务信息披露质量，缓解信息不对称，提高会计信息透明度。基于上述分析，本书从董事会、股权结构、信息披露三个维度，选取 9 个二级指标对中国境外上市与境内上市企业的公司治理水平进行测算，指标选取情况如表 6－1 所示。

表 6－1　　公司治理水平测算指标

一级指标	二级指标	指标说明
董事会	董事会规模	董事会人数取自然对数
	独立董事比例	独立董事人数/董事人数
	二职合一	董事长与总经理是同一个人为1，否则为0
股权结构	产权性质	国有企业取1，其他取0
	第一大股东持股比例	第一大股东持股数量/总股数
	股权集中度	前3位大股东持股比例的平方和
信息披露	监事会规模	监事会人数取对数
	是否由四大审计	由四大会计师事务所审计取1，其他取0
	审计意见	无保留审计意见取1，其他取0

三、公司治理水平测算模型

结合中国上市企业特点，本书采用熵值法权重计量方法对上述公司治理水平的各二级指标进行赋权，具体测算过程如下：

第一步，数据标准化处理。

由于公司治理水平各二级指标具有正向与负向的不同属性，为此采用最大最小标准化法对原始数据进行标准化处理。

若 X_{ij} 为对公司治理水平具有正向作用的指标则：

$$Y_{ij} = \frac{X_{ij} - \min(X_{ij})}{\max(X_{ij}) - \min(X_{ij})}$$

若 X_{ij} 为对公司治理水平具有负向作用的指标则：

$$Y_{ij} = \frac{\max(X_{ij}) - X_{ij}}{\max(X_{ij}) - \min(X_{ij})}$$

其中，i 表示本书涉及的各上市企业，j 表示对公司治理水平进行评价的具体指标，X_{ij} 表示对应指标的初始值，Y_{ij} 表示将 X_{ij} 进行标准化处理后的指标值，$\max(X_{ij})$ 和 $\min(X_{ij})$ 分别代表对应指标的最大值和最小值。

第二步，计算权重。

计算第 j 项公司治理水平评价指标下 i 企业的贡献度：

$$Z_{ij} = \frac{X_{ij}}{\sum_{i=1}^{m} X_{ij}}$$

计算第 j 项指标的熵值：

$$e_j = -k\sum_{i=1}^{m}(Z_{ij} - \ln Z_{ij})$$

其中，$k = \frac{1}{\ln m}$，计算得出信息熵：

$$d_j = 1 - e_j$$

计算第 j 项指标的权重为：

$$w_j = \frac{d_j}{\sum_{j=1}^{n} d_j}$$

第三步，测算公司治理水平。

确定各指标对应权重后，计算公司治理水平：

$$Gov = \sum_{i=1}^{n} w_{ij} \times X_{ij}$$

其中，Gov 为公司治理水平，n 为评价指标数。

根据上述公司治理水平测度体系以及熵值法，对中国上市企业的公司治理水平进行测算。

第二节　公司治理水平测算结果分析

依据前述熵值法可得本书涉及的中国境内上市与境外上市企业的公司治理水平。遵循第五章中国企业境外上市对资本配置效率影响的分析思路，本部分从上市地点维度、国有企业和民营企业维度、过度投资与投资不足维度依次分析中国境内上市与境外上市企业的公司治理水平。

一、上市地点维度

（一）微观视角

依据本章第一节中公司治理水平的测算步骤，可得中国境内上市与境外上市各企业的公司治理水平数据。表 6－2 中列示了中国境内上市与境外上市企业公司治理水平排名居前 30 位和后 30 位的企业情况。

表 6－2　　中国境内上市与境外上市企业公司治理水平排名情况

境内上市企业				境外上市企业			
前 30 位		后 30 位		前 30 位		后 30 位	
股票简称	均值	股票简称	均值	股票简称	均值	股票简称	均值
迈瑞医疗	0.7982	大橡塑	0.1213	中国新华教育	0.8186	中远海发	0.1515
水井	0.7959	东方市场	0.1207	新城悦服务	0.8186	鞍钢股份	0.1509
春秋航空	0.7883	天威视讯	0.1205	江苏创新	0.8186	中远海能	0.1494
万通发展	0.7864	民丰特纸	0.1201	盛诺集团	0.8093	BRILLIANCE CHI	0.1492
量子生物	0.7829	深康佳 A	0.1161	神威药业	0.8057	中国同辐	0.1492
昭衍新药	0.7818	大唐电信	0.1158	丘钛科技	0.8027	百宏实业	0.1491
心脉医疗	0.7818	卫光生物	0.1094	华津国际控股	0.8009	兖矿能源	0.1490
华大基因	0.7812	亚星	0.1084	久泰邦达能源	0.7986	中船防务	0.1486
泉峰汽车	0.7805	华鲁恒升	0.1059	网易	0.7971	中石化油服	0.1480
华新水泥	0.7799	祥龙	0.1047	恒达集团控股	0.7931	新疆新鑫矿业	0.1478
天海投资	0.7774	桂东电力	0.1035	华夏视听教育	0.7930	中国建材	0.1475
宝丰能源	0.7733	亚普股份	0.1013	美东汽车	0.7918	山东黄金	0.1469
彤程新材	0.7693	皖天然气	0.1010	汇量科技	0.7904	山东新华制药股份	0.1467
天津海运	0.7629	华英农业	0.0982	浦林成山	0.7892	第一拖拉机股份	0.1465
璞泰来	0.7601	工大首创	0.0858	湾区发展	0.7878	北京北辰实业股份	0.1447
渤海金控	0.7370	四川九洲	0.0858	中国天瑞水泥	0.7875	凯盛新能	0.1446
万通地产	0.7362	大唐	0.0849	阜丰集团	0.7856	京城机电股份	0.1408
渤海租赁	0.7316	祥龙电业	0.0837	映宇宙	0.7845	中广核矿业	0.1402
雪榕生物	0.7278	雪峰科技	0.0827	美的置业	0.7837	大唐新能源	0.1389
睿智医药	0.7221	节能风电	0.0765	高伟电子	0.7823	中国恒有源集团	0.1379
福莱特	0.7093	华阳新材	0.0758	天虹国际集团	0.7815	中信资源	0.1372

续表

境内上市企业				境外上市企业			
前30位		后30位		前30位		后30位	
股票简称	均值	股票简称	均值	股票简称	均值	股票简称	均值
神州细胞	0.7075	双环科技	0.0754	京东健康	0.7815	南京熊猫电子股份	0.1323
鹏鼎控股	0.7057	大连热电	0.0751	海天国际	0.7813	福田实业	0.1057
安集科技	0.6938	博通股份	0.0672	力劲科技	0.7809	浪潮数字企业	0.1054
玲珑轮胎	0.6839	天宏	0.0662	传奇生物	0.7775	金融街物业	0.0956
康龙化成	0.6701	四川湖山	0.0611	宇华教育	0.7774	晨鸣纸业	0.0869
比亚迪	0.6692	济南高新	0.0608	爱奇艺	0.7772	中国循环能源	0.0487
文灿股份	0.6691	方科	0.0506	达力普控股	0.7769	CBAK ENERGY TECHNOLOGY	0.0478
药明康德	0.6661	沱牌曲酒	0.0465	雅迪控股	0.7765	阳光控股	0.0464
罗普斯金	0.6657	中盐化工	0.0457	沧港铁路	0.7762	中国绿色农业	0.0455

注：鉴于篇幅所限，企业未能全部列出。

从表6－2中国境内上市企业的公司治理水平看，公司治理水平最高的企业为迈瑞医疗，其2009—2023年公司治理水平的均值为0.7982，其次为水井（0.7959），第三位为春秋航空（0.7883），文灿股份、药明康德、罗普斯金分别以0.6691、0.6661和0.6657的公司治理水平均值居第28位、第29位和第30位。从公司治理水平居后30位的企业看，其公司治理水平位于［0.0457，0.1213］的区间范围内，中盐化工、沱牌曲酒和方科分别以0.0457、0.0465和0.0506的公司治理水平均值居中国境内上市企业后三位。

从境外上市企业公司治理水平的测算结果看，中国境外上市企业公司治理水平位于［0.0455，0.8186］的区间范围内。其中，中国新华教育、新城悦服务、江苏创新三家企业的公司治理水平最高，其2009—2023年公司治理水平的均值均为0.8186，中国绿色农业、阳光控股和CBAK ENERGY TECHNOLOGY三家企业的公司治理水平最低，其2009—2023年公司治理平均水平均值分别为0.0455、0.0464和0.0478。

对比分析中国境内上市与境外上市企业公司治理水平可知：（1）从公司治理水平居前30位的企业看，境外上市企业的公司治理水平明显高于境内上市企业；（2）从公司治理水平居后30位的企业来看，大部分中国境外上市企业的公司治理水平也显著高于境内上市企业。

（二）宏观视角

在测算得到中国境内上市与境外上市企业公司治理水平结果的基础上，进一步根据上市地点划分，取各年度各企业的公司治理水平结果的平均值，得到境内上市、境外上市、H股上市、N股上市企业公司治理水平的测算结果如表6-3所示。

表6-3　中国不同上市地点企业公司治理水平

年份	境内上市	境外上市	H股上市	N股上市
2009	0.2289	0.5069	0.5089	0.4586
2010	0.2348	0.4990	0.5084	0.3771
2011	0.2399	0.4916	0.5084	0.3100
2012	0.2454	0.4966	0.5120	0.3246
2013	0.2493	0.4888	0.5032	0.3169
2014	0.2558	0.4766	0.4878	0.3444
2015	0.2589	0.4737	0.4863	0.3215
2016	0.2608	0.4800	0.4976	0.3069
2017	0.2637	0.4802	0.4930	0.3419
2018	0.2604	0.4776	0.4903	0.3527
2019	0.2607	0.4780	0.4935	0.3432
2020	0.2638	0.4890	0.5003	0.4014
2021	0.2694	0.4321	0.4377	0.3944
2022	0.2733	0.4947	0.5109	0.3897
2023	0.2865	0.4330	0.4383	0.3941

从表6-3中国不同上市地点公司治理水平的测算结果看：（1）从中国境内上市与境外上市企业的维度看，2009—2023年中国境内上市企业公司治理水平呈逐年提升态势，其中2009年境内上市公司治理水平为0.2289，2023年提升至0.2865。2009—2020年中国境外上市企业的公司治理水平相对比较稳定，始终稳定在0.48左右的平均水平，其中2009年为0.5069，2018—2020年公司治理水平分别为0.4776、0.4780、0.4890，近几年中国境外上市企业公司治理水平呈现一定程度

的波动，其中2021年达到最低水平0.4321，2022年为0.4947，2023年为0.4330；（2）从H股上市和N股上市的维度看，2009—2023年H股上市企业的公司治理水平始终处于相对较高水平，2009年H股上市企业的公司治理水平为0.5089，2012年达到最高水平0.5120，2023年为0.4383。相较于H股上市企业，2009—2023年中国N股上市企业公司治理水平的波动幅度则相对较大，其中2009年为0.4586，2016年降至0.3069，近几年则相对比较稳定，2021年为0.3944，2022年为0.3897，2023年为0.3941。

图6－1为2009—2023年中国不同上市地点公司治理水平的变动趋势，综合来看，可知：（1）中国境外上市企业的公司治理水平明显高于境内上市企业；（2）H股上市企业的公司治理水平明显高于N股上市企业。

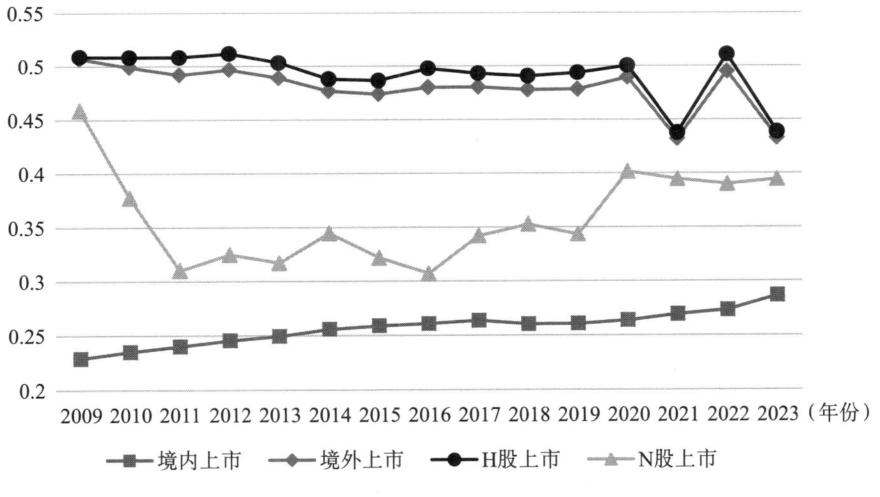

图6－1　2009—2023年中国不同上市地点公司治理水平变动趋势

二、国有企业和民营企业维度

（一）国有企业维度

1. 微观视角

为了更加准确地把握中国境内上市与境外上市企业公司治理水平的

差异，本部分进一步从国有企业和民营企业维度对比分析中国境内上市与境外上市企业的公司治理水平，其中，表6-4中列示了中国境内上市与境外上市国有企业公司治理水平排名居前30位和后30位的企业情况。

表6-4　中国境内上市与境外上市国有企业公司治理水平排名情况

境内上市国有企业				境外上市国有企业			
前30位		后30位		前30位		后30位	
股票简称	均值	股票简称	均值	股票简称	均值	股票简称	均值
沧大	0.6452	亚普股份	0.1013	中国光大水务	0.6816	海信家电	0.1467
中化国际	0.6442	皖天然气	0.1010	华润建材科技	0.6699	山东新华制药股份	0.1467
粤电力A	0.6396	华英农业	0.0982	中国移动	0.6683	保利置业集团	0.1457
青岛港	0.6261	南洋科技	0.0964	中国有色矿业	0.6672	长安民生物流	0.1457
紫金矿业	0.6172	华中数控	0.0939	招商局置地	0.6652	北京能源国际	0.1455
皖通高速	0.6160	四川九洲	0.0858	北京燃气蓝天	0.6628	中国海外宏洋集团	0.1454
深圳燃气	0.6159	恒润股份	0.0853	中石化冠德	0.6579	北京北辰实业股份	0.1447
劝业	0.6140	大唐	0.0849	中广核新能源	0.6550	凯盛新能	0.1446
烟台万华	0.6127	祥龙电业	0.0837	粤海置地	0.6513	京城机电股份	0.1408
小商品城	0.6095	升华拜克	0.0835	中国建筑国际	0.6503	大成生化科技	0.1405
海螺水泥	0.6091	雪峰科技	0.0827	珠江船务	0.6417	中广核矿业	0.1402
博雅生物	0.6078	创源股份	0.0814	广南（集团）	0.6413	大唐新能源	0.1389
锦江在线	0.5998	甘化	0.0770	五矿资源	0.6375	中国恒有源集团	0.1379
沈阳化工	0.5947	节能风电	0.0765	水发兴业能源	0.6374	中信资源	0.1372
中国铝业	0.5871	华阳新材	0.0758	中汽系统	0.6367	彩虹新能源	0.1365
万华化学	0.5838	双环科技	0.0754	中国食品	0.6367	南京熊猫电子股份	0.1323
锦江投资	0.5827	大连热电	0.0751	中信国际电讯	0.6248	大成糖业	0.1291
重庆钢铁	0.5644	博通股份	0.0672	华润万象生活	0.6246	中国民航信息网络	0.1230
南玻A	0.5293	天宏	0.0662	华润燃气	0.6239	浪潮数字企业	0.1054
金开新能	0.4934	雪浪环境	0.0628	首创钜大	0.6238	第一拖拉机股份	0.1052
华电国际	0.4533	四川湖山	0.0611	湾区发展	0.6224	金融街物业	0.0956
银星能源	0.2951	齐南高新	0.0608	中国神华	0.6212	神州控股	0.0876
深南电A	0.2915	宅牌舍得	0.0580	中国光大绿色环保	0.6200	晨鸣纸业	0.0869
唐山港	0.2805	工大首创	0.0550	浙江沪杭甬	0.6193	福田实业	0.0660

续表

境内上市国有企业				境外上市国有企业			
前30位		后30位		前30位		后30位	
股票简称	均值	股票简称	均值	股票简称	均值	股票简称	均值
沧州大化	0.2113	依顿电子	0.0540	中国重汽	0.6189	中国循环能源	0.0487
马龙	0.2014	广东甘化	0.0523	深圳控股	0.6185	CBAK ENERGY TECHNOLOGY	0.0478
川化	0.2013	方科	0.0506	京能清洁能源	0.6168	阳光控股	0.0464
北清环能	0.1994	沱牌曲酒	0.0465	粤海投资	0.6167	中国绿色农业	0.0455
莱美药业	0.1990	中盐化工	0.0457	中化化肥	0.6165	三宝科技	0.0450
广百股份	0.1973	齐翔腾达	0.0413	中国航油	0.6159	中粮家佳康	0.0450

注：鉴于篇幅所限，企业未能全部列出。

从表6－4的结果看，2009—2023年中国境内上市国有企业的公司治理水平位于［0.0413，0.6452］的区间范围内，境外上市国有企业的公司治理水平位于［0.0450，0.6816］的区间范围内。具体到境内上市国有企业，公司治理水平居前3位的企业依次为沧大（0.6452）、中化国际（0.6442）和粤电力A（0.6396）；从境内上市国有企业公司治理水平居后30位的企业看，齐翔腾达、中盐化工和沱牌曲酒分别以0.0413、0.0457和0.0465的公司治理水平居第30位、第29位和第28位。从境外上市国有企业看，公司治理水平居前3位的企业分别为中国光大水务（0.6816）、华润建材科技（0.6699）、中国移动（0.6683）；在公司治理水平排名居后30位的企业中，中粮家佳康、三宝科技和中国绿色农业3家企业的公司治理水平最低，其2009—2023年公司治理水平分别为0.0450、0.0450和0.0455。

进一步对比分析中国境内上市与境外上市国有企业的公司治理水平可知：（1）中国境外上市国有企业的公司治理水平明显高于境内上市国有企业，具体表现为，仅有12家中国境内上市国有企业公司治理水平位于0.60以上的水平，而境外上市国有企业公司治理水平高于0.60的企业数明显高于境内上市国有企业数目；（2）从排名居后30位的企业看，境外上市国有企业中仅有5家企业公司治理水平低于同位次的境内上市国有企业。综合来看，中国境外上市国有企业公司治理水平显著高于境内上市国有企业。

2. 宏观视角

在前述微观视角分析的基础上，本部分求取中国境内上市和境外上市各国有企业公司治理水平的均值，得到2009—2023年中国境内上市与境外上市国有企业公司治理水平结果如表6-5所示。

表6-5　中国境内上市与境外上市国有企业公司治理水平

年份	境内上市国有企业	境外上市国有企业
2009	0.1855	0.4033
2010	0.1917	0.3964
2011	0.1907	0.4013
2012	0.1974	0.4000
2013	0.1917	0.4196
2014	0.1905	0.4350
2015	0.1850	0.4257
2016	0.1910	0.4311
2017	0.1879	0.4298
2018	0.1845	0.4338
2019	0.1744	0.4245
2020	0.1760	0.4215
2021	0.1857	0.3690
2022	0.1815	0.4193
2023	0.2016	0.3417

表6-5中的结果显示，2009—2023年，中国境内上市国有企业公司治理水平变动趋势相对比较稳定，其中2009年其公司治理水平为0.1855，2010年为0.1917，近三年中国境内上市国有企业的公司治理水平也始终位于0.19左右的平均水平，其中2021年为0.1857，2022年为0.1815，2023年为0.2016。相较于中国境内上市国有企业公司治理水平的变动，2009—2023年中国境外上市国有企业公司治理水平存

在一定程度的波动，其中 2009—2020 年，其公司治理水平相对比较稳定，基本位于［0.39，0.44］的区间范围内，其中 2009 年为 0.4033，2012 年为 0.4000，2020 年为 0.4215，近三年中国境外上市国有企业公司治理水平呈现一定程度波动，其中 2021 年为 0.3690，2022 年为 0.4193，2023 年为 0.3417。

图 6－2 列示了 2009—2023 年中国境内上市与境外上市国有企业公司治理水平的变动趋势，显然，中国境外上市国有企业的公司治理水平始终高于境内上市国有企业，二者之间始终存在明显差距。

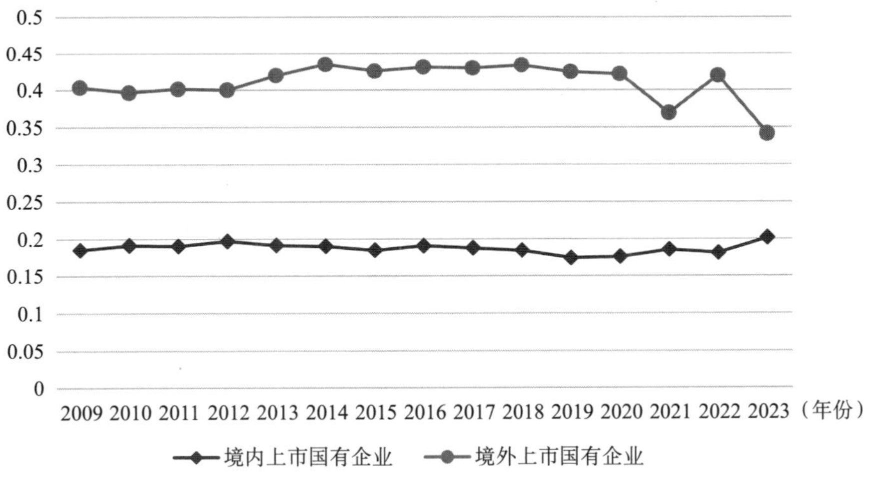

图 6－2　2009—2023 年中国境内上市与境外上市国有企业公司治理水平

（二）民营企业维度

1. 微观视角

与国有企业分析过程相同，本部分从民营企业的视角分析中国境内上市与境外上市企业公司治理水平的差异，其中，中国境内上市与境外上市民营企业公司治理水平排名居前 30 位和后 30 位的企业情况如表 6－6 所示。

表 6-6　中国境内上市与境外上市民营企业公司治理水平排名情况

境内上市民营企业				境外上市民营企业			
前 30 位		后 30 位		前 30 位		后 30 位	
股票简称	均值	股票简称	均值	股票简称	均值	股票简称	均值
迈瑞医疗	0.7982	旭升股份	0.2034	中国新华教育	0.8186	万春医药	0.2077
水井	0.7959	华凯创意	0.2032	新城悦服务	0.8186	指尖悦动	0.2075
春秋航空	0.7883	新梅	0.2028	江苏创新	0.8186	诺华家具	0.2074
万通发展	0.7864	清源股份	0.2027	盛诺集团	0.8093	中国生态旅游	0.2074
量子生物	0.7829	仰帆	0.2024	神威药业	0.8057	金活医药集团	0.2070
昭衍新药	0.7818	徕木股份	0.2022	华润电力	0.8041	农米良品	0.2070
心脉医疗	0.7818	伟明环保	0.2017	丘钛科技	0.8027	悦享控股	0.2053
华大基因	0.7812	中源家居	0.2016	华津国际控股	0.8009	数海信息	0.2050
泉峰汽车	0.7805	东力	0.2012	湾区发展	0.7996	力王集团	0.2050
华新水泥	0.7799	金宏气体	0.2012	久泰邦达能源	0.7986	互联网科技包装	0.2037
天海投资	0.7774	派思股份	0.2011	上实城市开发	0.7971	GHW INTL	0.2033
宝丰能源	0.7733	恒林股份	0.2011	网易	0.7971	惠普森医药	0.2023
彤程新材	0.7693	值得买	0.2010	中国建筑兴业	0.7933	华夏博雅	0.2020
天津海运	0.7629	亚星化学	0.2009	恒达集团控股	0.7931	中网在线	0.2012
璞泰来	0.7601	迈得医疗	0.2009	华夏视听教育	0.7930	正康国际	0.2011
渤海金控	0.7370	华嵘控股	0.2007	美东汽车	0.7918	盐港明珠	0.1999
万通地产	0.7362	普利制药	0.2005	汇量科技	0.7904	瑞图生态	0.1986
渤海租赁	0.7316	至纯科技	0.2003	珠江船务	0.7901	第九城市	0.1982
雪榕生物	0.7278	康隆达	0.2003	中国金茂	0.7901	杉杉品牌	0.1982
睿智医药	0.7221	至正股份	0.2002	浦林成山	0.7892	海尔智家	0.1972
福莱特	0.7093	苏州龙杰	0.1992	中国香港中旅	0.7883	帝王实业控股	0.1967
神州细胞	0.7075	旗天科技	0.1976	中国天瑞水泥	0.7875	箩筐技术	0.1966
鹏鼎控股	0.7057	獐岛	0.1974	阜丰集团	0.7856	万咖壹联	0.1958
安集科技	0.6938	邦宝益智	0.1971	映宇宙	0.7845	贝壳	0.1953
玲珑轮胎	0.6839	东方市场	0.1961	美的置业	0.7837	东岳集团	0.1951
康龙化成	0.6701	锦浪科技	0.1961	高伟电子	0.7823	恒源电动汽车	0.1943
比亚迪	0.6692	水羊股份	0.1959	天虹国际集团	0.7815	中国金属利用	0.1920
文灿股份	0.6691	晶丰明源	0.1948	京东健康	0.7815	开心汽车	0.1902
药明康德	0.6661	宝龙	0.1898	海天国际	0.7813	骇维金属加工	0.1901
罗普斯金	0.6657	金顶	0.1873	光大环境	0.7810	众巢医学	0.1879

注：鉴于篇幅所限，企业未能全部列出。

从表 6 - 6 的结果看，2009—2023 年中国境内上市与境外上市民营企业的公司治理水平分别位于［0. 1873，0. 7982］和［0. 1879，0. 8186］的区间范围内。从公司治理水平居前 30 位的企业看，境内上市企业公司治理水平排名最高的 3 家企业分别为迈瑞医疗、水井和春秋航空，其 2009—2023 年公司治理水平的均值分别为 0. 7982、0. 7959 和 0. 7883，境外上市企业公司治理水平排名最高的 3 家企业分别为中国新华教育、新城悦服务和江苏创新，其 2009—2023 年公司治理水平均值均为 0. 8186。从公司治理水平排名居后 30 位的企业看，中国境内上市企业中，公司治理水平最低的民营企业为金顶（0. 1873），其次为宝龙（0. 1898）；境外上市民营企业中，众巢医学公司治理水平最低，其 2009—2023 年公司治理水平的均值为 0. 1879，其次为骇维金属加工（0. 1901）。

进一步对比分析中国境内上市与境外上市民营企业的公司治理水平可知：无论是从公司治理水平排名居前 30 位的企业看，还是从排名居后 30 位的企业看，相同位次的境外上市民营企业公司治理水平均明显高于境内上市民营企业。

2. 宏观视角

在前述民营企业微观分析视角的基础上，进一步可得 2009—2023 年中国境内上市与境外上市民营企业的公司治理水平情况如表 6 - 7 所示。

表 6 - 7　　中国境内上市与境外上市民营企业公司治理水平

年份	境内上市民营企业	境外上市民营企业
2009	0. 3115	0. 5571
2010	0. 3023	0. 5438
2011	0. 3105	0. 5306
2012	0. 3065	0. 5341
2013	0. 2984	0. 5234

续表

年份	境内上市民营企业	境外上市民营企业
2014	0.2978	0.5044
2015	0.3010	0.5072
2016	0.2992	0.5106
2017	0.3040	0.5112
2018	0.2962	0.5029
2019	0.2985	0.5078
2020	0.2963	0.5238
2021	0.3021	0.4610
2022	0.3086	0.5251
2023	0.3445	0.4726

表 6 - 7 中的结果显示，2009—2023 年中国境内上市民营企业的公司治理水平基本位于 0.30 左右的平均水平，相对比较稳定，其中 2009 年中国境内上市民营企业的公司治理水平为 0.3115，2011 年为 0.3105，2015 年为 0.3010，2017 年为 0.3040，2023 年中国境内上市民营企业的公司治理水平达到最高水平 0.3445。从境外上市民营企业的视角看，2009—2020 年，其公司治理水平相对比较稳定，基本处于［0.50，0.56］的区间范围内，其中 2009 年公司治理水平最高为 0.5571，2018 年最低为 0.5029，近三年中国境外上市民营企业的公司治理水平波动幅度相对较大，其中 2021 年为 0.4610，2022 年为 0.5251，2023 年为 0.4726。

图 6 - 3 为 2009—2023 年中国境内上市与境外上市民营企业公司治理水平的变动趋势，由图 6 - 3 可知，中国境外上市民营企业的公司治理水平显著高于境内上市民营企业，但是二者之间的差距呈明显缩小的趋势。

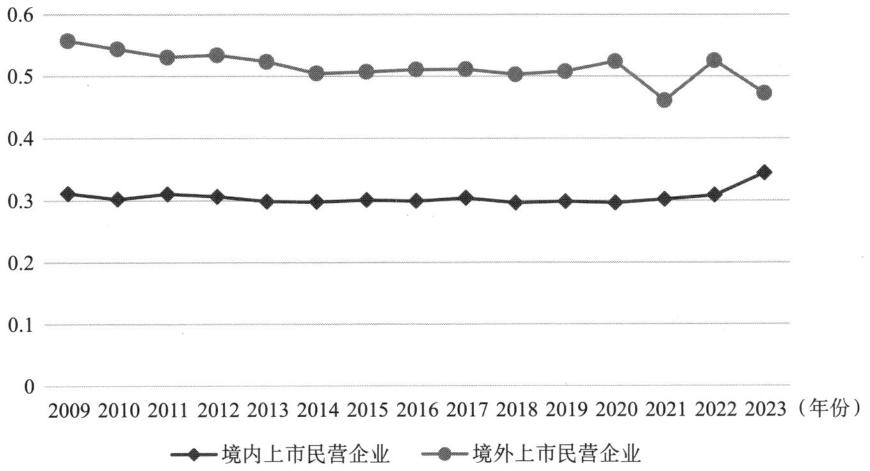

图 6－3　2009—2023 年中国境内上市与境外上市民营企业公司治理水平

三、过度投资和投资不足维度

为更加准确把握中国企业境外上市对资本配置效率影响的机制，本部分在第五章实证结果检验的基础上，进一步从过度投资和投资不足的视角展开，探究过度投资与投资不足企业的公司治理水平①。

（一）过度投资

求取各年度中国境内上市、境外上市、H 股上市和 N 股上市过度投资企业公司治理水平的均值，可得 2009—2023 年中国各上市地点过度投资企业公司治理水平的测算结果如表 6－8 所示。

表 6－8　　中国境内上市与境外上市过度投资企业公司治理水平

年份	境内过度	境外过度	H 股过度	N 股过度
2009	0.2440	0.5031	0.5021	0.5292
2010	0.2439	0.5069	0.5142	0.4207
2011	0.2581	0.4719	0.4834	0.3657

① 鉴于篇幅所限，同时为避免赘述，在过度投资和投资不足维度的分析过程中，本部分未从微观视角（即企业视角）展开具体分析。

续表

年份	境内过度	境外过度	H 股过度	N 股过度
2012	0.2507	0.5098	0.5177	0.4332
2013	0.2434	0.4906	0.5078	0.3612
2014	0.2641	0.4629	0.4693	0.3952
2015	0.2569	0.4980	0.5097	0.3617
2016	0.2436	0.5107	0.5269	0.3490
2017	0.2501	0.5062	0.5067	0.4827
2018	0.2571	0.4985	0.5056	0.4031
2019	0.2505	0.5113	0.5210	0.4455
2020	0.2608	0.5043	0.5171	0.4424
2021	0.2623	0.4286	0.4363	0.3919
2022	0.2786	0.4936	0.5163	0.3706
2023	0.2880	0.4361	0.4456	0.3107

表 6－8 中的结果显示：（1）2009—2023 年，中国境内上市过度投资企业公司治理水平呈缓慢增长趋势，其中，2009 年其公司治理水平为 0.2440，2011 年为 0.2581，2020 年上升至 0.2608，2023 年为 0.2880；同期，中国境外上市过度投资企业的公司治理水平变动相对比较稳定，其中，2009—2020 年其公司治理水平基本稳定在 0.50 左右的平均水平，2009 年为 0.5031，2011 年为 0.4719，2016 年达到 0.5107，2019 年和 2020 年分别为 0.5113 和 0.5043；此外，近几年中国境外上市过度投资企业公司治理水平呈现一定程度波动，其中，2021 年为 0.4286，2022 年为 0.4936，2023 年为 0.4361。（2）从 H 股上市和 N 股上市企业公司治理水平的变动情况看，中国 N 股上市过度投资企业公司治理水平波动程度较为明显，其中，2009 年公司治理水平为 0.5292，2011 年降至 0.3657，2017 年回升至 0.4827，近几年再次呈现明显下降趋势，2020 年为 0.4424，2021 年为 0.3919，2022 年为 0.3706，2023 年为 0.3107；此外，中国 H 股上市过度投资企业公司治理水平的变动趋势基本与境外上市企业一致，但略高于境外上市企业。

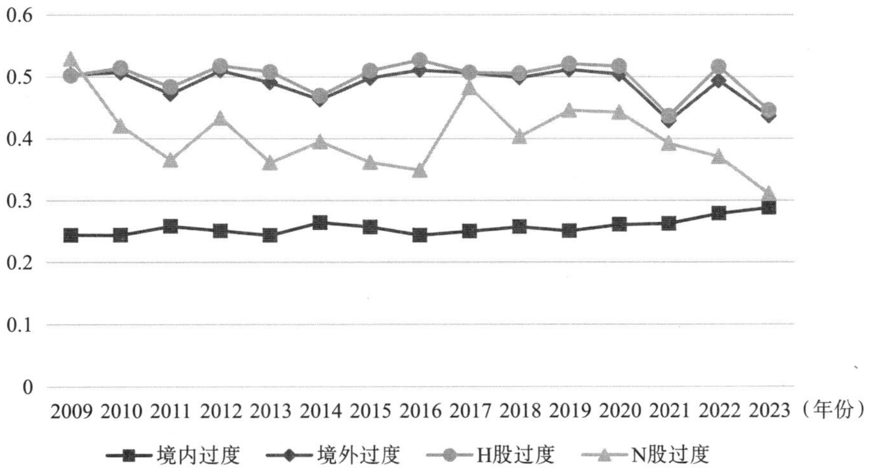

图 6－4　2009—2023 年中国境内上市与境外上市过度投资企业公司治理水平

图 6－4 为 2009—2023 年中国境内上市、境外上市、H 股上市、N 股上市过度投资企业公司治理水平的变动趋势。对比分析可知，中国 H 股上市过度投资企业的公司治理水平最高，其次为境外上市过度投资企业，N 股上市过度投资企业公司治理水平居第 3 位，境内上市过度投资企业的公司治理水平最低。

（二）投资不足

依据前述分析思路，可得 2009—2023 年中国境内上市、境外上市、H 股上市和 N 股上市投资不足企业公司治理水平的测算结果如表 6－9 所示。

表 6－9　　中国境内上市与境外上市投资不足企业公司治理水平

年份	境内不足	境外不足	H 股不足	N 股不足
2009	0. 2181	0. 5099	0. 5142	0. 4021
2010	0. 2270	0. 4935	0. 5045	0. 3423
2011	0. 2231	0. 5055	0. 5254	0. 2590
2012	0. 2408	0. 4871	0. 5080	0. 2243
2013	0. 2648	0. 4875	0. 5001	0. 2382
2014	0. 2508	0. 4859	0. 5002	0. 3037

续表

年份	境内不足	境外不足	H股不足	N股不足
2015	0.2603	0.4508	0.4644	0.2813
2016	0.2742	0.4535	0.4718	0.2795
2017	0.2762	0.4627	0.4835	0.2587
2018	0.2634	0.4600	0.4774	0.3023
2019	0.2714	0.4465	0.4671	0.2622
2020	0.2666	0.4753	0.4866	0.3345
2021	0.2765	0.4353	0.4390	0.3973
2022	0.2674	0.4954	0.5075	0.4050
2023	0.2849	0.4303	0.4314	0.4224

表6-9中的结果表明：（1）2009—2023年，中国境内上市投资不足企业公司治理水平始终位于（0.21，0.29）的区间范围内，其中，2009年公司治理水平为0.2181，2011年为0.2231，2013年为0.2648，2016年0.2742，2023年达到最高水平0.2849；从境外上市投资不足企业公司治理水平变动情况看，2009—2020年，其公司治理水平一直处于0.47左右的平均水平，其中，2009年为0.5099，2010年为0.4935，2013年为0.4875，2020年为0.4753，近三年中国境外上市投资不足企业公司治理水平呈现一定程度波动，2021年降至0.4353，2022年达到0.4954，2023年为0.4303；（2）2009—2023年中国H股和N股上市投资不足企业公司治理水平变动趋势显示，H股上市投资不足企业公司治理水平一直处于最高水平，且其变动趋势相对平稳，一直稳定在0.50左右的平均水平，其中，2009年为0.5142，2014年为0.5002，2020年为0.4866，2021—2023年呈现一定程度波动，公司治理水平值分别为0.4390、0.5075、0.4314；此外，2009—2023年中国N股上市投资不足企业公司治理水平波动幅度较大，其中，2009年为0.4021，2012年降至最低水平0.2243，2014年达到0.3037，2018年为0.3023，2019年后呈明显上升趋势，2019年为0.2622，2023年提升至0.4224。

图6-5为2009—2023年中国境内上市与境外上市投资不足企业公

司治理水平的变动趋势，对比分析可知，H股上市投资不足企业的公司治理水平最高，其次为中国境外上市投资不足企业，N股上市与中国境内上市投资不足企业公司治理水平相对较低，其中2011—2020年，N股上市与中国境内上市投资不足企业公司治理水平呈交错变化趋势，但2020年以后N股上市投资不足企业公司治理水平显著高于中国境内上市企业。

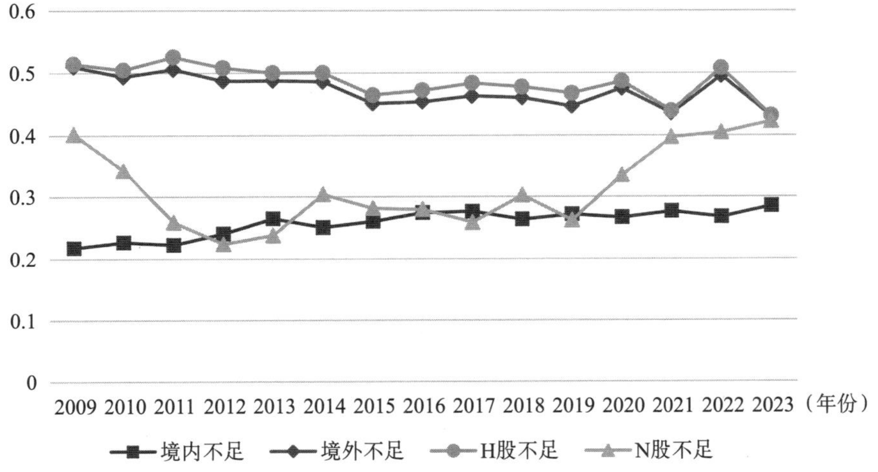

图6-5　2009—2023年中国境内上市与境外上市投资不足企业公司治理水平

第三节　机制检验与结果分析

前述测算结果表明，无论是从中国企业上市地点的维度看，还是从国有企业与民营企业、过度投资与投资不足的维度看，中国境外上市企业的公司治理水平均显著高于境内上市企业。结合前述理论分析，本节结合第五章中国企业境外上市对资本配置效率影响的结论，通过构建中介效应模型进一步检验中国企业境外上市对资本配置效率影响的机制。

一、模型构建

依据前述理论分析，并结合公司治理水平的测算结果，本节进一步构建中介效应模型，检验中国企业境外上市对资本配置效率的影响机制是否遵循“中国企业境外上市通过促进公司治理水平提升，进而起到提高资本配置效率的效果”。基于此，本节参照江艇（2022）等的做法，在第五章模型（5－1）的基础上引入公司治理水平（*Gov*）中介变量，识别核心解释变量（*Overseas*）对中介变量（*Gov*）的影响，记作模型（6－1）：

$$Gov_{i,t} = \gamma_0 + \gamma_1 Overseas_{i,t} + \sum_j \lambda_j Controls_{j,i,t} + \eta_{ind} + \eta_{year} + \varepsilon_{i,t} \tag{6-1}$$

其中，*Gov* 为中介变量（中国境内上市与境外上市企业公司治理水平），*Overseas* 为核心解释变量（中国企业是否在境外上市），*Controls* 为控制变量，η_{ind}和 η_{year}分别表示行业固定效应和年份固定效应，i 表示本书涉及的境内上市与境外上市企业，t 为时间，t = 2009，2010，2011，…，2023。其中，公司治理水平（*Gov*）由前文的测算得到，控制变量（*Controls*）与第五章模型（5－1）一致，包括资产报酬率（*ROA*）、总资产周转率（*ATO*）、现金流比率（*Cashflow*）、账面市值比（*BM*）、公司年龄（*FirmAge*）和管理费用率（*Mfee*）。

二、实证研究结果

依据江艇（2022）等的分析思路，本部分以2009—2023年中国境内上市与中国境外上市企业为样本，对模型（6－1）进行回归，并依据第五章模型（5－1）的回归结论，具体分析中国企业境外上市对资本配置效率影响的作用机制。

（一）中国企业境外上市地点维度的检验结果

从中国企业境外上市地点维度分析，可得中国企业境外上市（整体)、H 股上市和 N 股上市对企业资本配置效率影响机制的检验结果如表 6-10 所示。

表 6-10　中国企业境外上市对资本配置效率影响的机制检验（上市地点维度）

变量	境外上市		H 股上市		N 股上市	
	模型（1）	模型（2）	模型（3）	模型（4）	模型（5）	模型（6）
	Einv	*Gov*	*Einv*	*Gov*	*Einv*	*Gov*
Overseas	0.0084***	0.2281***	0.0098***	0.2305***	-0.0073*	0.1586***
	(0.001)	(0.004)	(0.001)	(0.005)	(0.004)	(0.012)
ROA	-0.0156**	0.2753***	-0.0228***	0.2760***	-0.0459***	0.1554***
	(0.007)	(0.018)	(0.008)	(0.020)	(0.010)	(0.020)
ATO	0.0055***	-0.0021	0.0059***	-0.0008	0.0041**	0.0034
	(0.001)	(0.004)	(0.001)	(0.004)	(0.002)	(0.004)
Cashflow	0.0209***	0.1319***	0.0079	0.1311***	0.0212**	0.0538***
	(0.007)	(0.019)	(0.007)	(0.020)	(0.009)	(0.019)
BM	0.0042***	-0.0150***	0.0047***	-0.0109***	0.0053***	-0.0238***
	(0.000)	(0.002)	(0.000)	(0.002)	(0.002)	(0.003)
FirmAge	0.0080***	-0.0302***	0.0083***	-0.0318***	0.0029	-0.0175***
	(0.001)	(0.004)	(0.001)	(0.005)	(0.002)	(0.006)
Mfee	-0.0310***	-0.0717***	-0.0320***	-0.0661***	-0.0413***	-0.0582***
	(0.004)	(0.009)	(0.004)	(0.010)	(0.008)	(0.014)
Constant	-0.0884***	0.3516***	-0.0889***	0.3522***	-0.0718***	0.3220***
	(0.004)	(0.013)	(0.004)	(0.014)	(0.007)	(0.018)
Observations	12532	12532	11869	11869	6874	6874
R-squared	0.053	0.293	0.053	0.310	0.046	0.100
Industry FE	YES	YES	YES	YES	YES	YES
Year FE	YES	YES	YES	YES	YES	YES
r2_within	0.0353	0.275	0.0366	0.289	0.0220	0.0761
F	56.60	636.5	68.93	625.5	9.991	37.09

注：***、**、* 分别表示在 1%、5% 和 10% 的显著性水平下通过检验，括号中的值为稳健标准误。

表6－10的回归结果显示：（1）从中国企业境外上市整体视角看，模型（1）和模型（2）中核心解释变量（*Overseas*）在1%的显著性水平下均通过统计显著性检验，且系数符号均为正，即中国企业境外上市能够提高资本配置效率，且境外上市能够提高公司治理水平。由此判定，中国企业境外上市对资本配置效率的影响通过公司治理水平这一中介机制产生作用。（2）从中国企业H股上市的视角看，模型（3）和模型（4）中核心解释变量（*Overseas*）在1%的显著性水平均通过统计显著性检验，且系数符号为正，由此表明中国企业H股上市有助于提高企业资本配置效率，中国企业H股上市能够提高公司治理水平。由此认为，中国企业H股上市能够通过促进公司治理水平提升起到提高资本配置效率的效果。（3）从中国企业N股上市的视角看，模型（5）中核心解释变量（*Overseas*）在10%的显著性水平下通过检验，但系数符号为负，即中国企业N股上市对提高资本配置效率具有不利影响，模型（6）中核心解释变量（*Overseas*）在1%的显著性水平下通过检验，且系数符号为正，由此判定中国N股上市能够促进公司治理水平提升。

（二）中国国有企业和民营企业维度的检验结果

为了更加准确地把握中国企业境外上市对资本配置效率影响的机制，本部分进一步从中国国有企业和民营企业的维度出发，检验中国国有企业、民营企业境外上市对资本配置效率影响的作用机制，检验结果如表6－11所示。

表6－11　中国国有企业、民营企业境外上市对资本配置效率影响的机制检验

变量	国有企业		民营企业	
	模型（1）	模型（2）	模型（3）	模型（4）
	Einv	*Gov*	*Einv*	*Gov*
Overseas	0.0072 *** (0.002)	0.2196 *** (0.007)	0.0089 *** (0.002)	0.2371 *** (0.005)
ROA	－0.0493 *** (0.015)	0.2794 *** (0.045)	－0.0088 (0.009)	0.2702 *** (0.020)

续表

变量	国有企业		民营企业	
	模型（1）	模型（2）	模型（3）	模型（4）
	Einv	*Gov*	*Einv*	*Gov*
ATO	0.0052 **	0.0020	0.0063 ***	-0.0072
	(0.002)	(0.007)	(0.001)	(0.005)
Cashflow	0.0161	0.0771 **	0.0212 **	0.1530 ***
	(0.011)	(0.032)	(0.010)	(0.022)
BM	0.0055 ***	-0.0056 *	0.0036 ***	-0.0168 ***
	(0.001)	(0.003)	(0.001)	(0.002)
FirmAge	0.0021	-0.0216 ***	0.0083 ***	0.0066
	(0.002)	(0.008)	(0.001)	(0.005)
Mfee	-0.0251 ***	-0.1077 ***	-0.0301 ***	-0.0948 ***
	(0.006)	(0.020)	(0.005)	(0.010)
Constant	-0.0651 ***	0.2544 ***	-0.0925 ***	0.2913 ***
	(0.006)	(0.026)	(0.005)	(0.016)
Observations	4431	4431	8101	8101
R-squared	0.053	0.312	0.051	0.317
Industry FE	YES	YES	YES	YES
Year FE	YES	YES	YES	YES
r2_within	0.0378	0.271	0.0326	0.281
F	23.65	229.6	33.36	411.6

注：***、**、*分别表示在1%、5%和10%的显著性水平下通过检验，括号中的值为稳健标准误。

表6-11中的机制检验结果显示：（1）从中国国有企业的视角看，模型（1）和模型（2）中核心解释变量（*Overseas*）在1%的显著性水平下均通过统计显著性检验，系数符号均为正，由此表明中国国有企业境外上市能够提高资本配置效率，且中国国有企业境外上市有助于提高公司治理水平，由此判定，中国国有企业境外上市对资本配置效率的影响通过公司治理水平这一中介机制产生作用。（2）从民营企业的视角看，模型（3）和模型（4）中核心解释变量也均通过统计显著性检验，

且系数符号均为正，即中国民营企业境外上市对资本配置效率的影响也会通过公司治理水平这一中介机制产生作用。

（三）过度投资和投资不足维度的检验结果

在前述分析的基础上，本部分进一步从过度投资和投资不足的视角展开分析，依次检验中国企业境外上市对过度投资和投资不足影响的机制，检验结果分别如表 6－12 和表 6－13 所示。

表 6－12　　中国企业境外上市对过度投资影响的机制检验

变量	过度投资		H 股过度投资		N 股过度投资	
	模型（1）	模型（2）	模型（3）	模型（4）	模型（5）	模型（6）
	overinv	*Gov*	*overinv*	*Gov*	*overinv*	*Gov*
Overseas	-0.0040*	0.2281***	-0.0067***	0.2305***	0.0223***	0.1586***
	(0.002)	(0.004)	(0.002)	(0.005)	(0.006)	(0.012)
ROA	0.0137	0.2753***	0.0245*	0.2760***	0.0487***	0.1554***
	(0.013)	(0.018)	(0.013)	(0.020)	(0.014)	(0.020)
ATO	-0.0059***	-0.0021	-0.0066***	-0.0008	-0.0066**	0.0034
	(0.002)	(0.004)	(0.002)	(0.004)	(0.003)	(0.004)
Cashflow	-0.0276**	0.1319***	-0.0162	0.1311***	-0.0392***	0.0538***
	(0.012)	(0.019)	(0.012)	(0.020)	(0.014)	(0.019)
BM	-0.0059***	-0.0150***	-0.0065***	-0.0109***	-0.0076***	-0.0238***
	(0.001)	(0.002)	(0.001)	(0.002)	(0.003)	(0.003)
FirmAge	-0.0088***	-0.0302***	-0.0094***	-0.0318***	-0.0029	-0.0175***
	(0.002)	(0.004)	(0.002)	(0.005)	(0.004)	(0.006)
Mfee	0.0320***	-0.0717***	0.0293***	-0.0661***	0.0341***	-0.0582***
	(0.007)	(0.009)	(0.008)	(0.010)	(0.013)	(0.014)
Constant	0.0958***	0.3516***	0.0979***	0.3522***	0.0794***	0.3220***
	(0.006)	(0.013)	(0.006)	(0.014)	(0.012)	(0.018)
Observations	5857	12532	5556	11869	3352	6874
R - squared	0.051	0.293	0.050	0.310	0.051	0.100
Industry FE	YES	YES	YES	YES	YES	YES
Year FE	YES	YES	YES	YES	YES	YES
r2_within	0.0341	0.275	0.0340	0.289	0.0282	0.0761

续表

变量	过度投资		H股过度投资		N股过度投资	
	模型（1）	模型（2）	模型（3）	模型（4）	模型（5）	模型（6）
	overinv	*Gov*	*overinv*	*Gov*	*overinv*	*Gov*
F	22.64	636.5	27.45	625.5	7.611	37.09

注：模型（1）、模型（3）和模型（5）中被解释变量（*overinv*）表示过度投资程度；***、**、*分别表示在1%、5%和10%的显著性水平下通过检验，括号中的值为稳健标准误。

表6－12中的回归结果显示：（1）从过度投资企业整体视角看，模型（1）中核心解释变量（*Overseas*）在10%的显著性水平下通过统计显著性检验，系数符号为负；模型（2）中核心解释变量（*Overseas*）在1%的显著性水平下通过检验，系数符号为正，由此判定中国企业境外上市能够降低过度投资程度，该效果受公司治理水平这一中介变量影响。（2）从H股上市过度投资企业的视角看，模型（3）和模型（4）中核心解释变量（*Overseas*）在1%的显著性水平下均通过统计显著性检验，其中模型（3）中回归系数为负，模型（4）中回归系数符号为正，由此判定中国企业H股上市通过提高公司治理水平而起到降低过度投资程度的效果。（3）从N股上市过度投资企业的视角看，模型（5）和模型（6）中核心解释变量（*Overseas*）在1%的显著性水平下均通过检验，系数符号均为正值，分别表明中国企业N股上市会加剧过度投资程度、中国企业N股上市能够提高公司治理水平，表明中国企业N股上市能够促进公司治理水平提升，但不能因此降低过度投资程度。

表6－13　　中国企业境外上市对投资不足影响的机制检验

变量	投资不足		H股投资不足		N股投资不足	
	模型（1）	模型（2）	模型（3）	模型（4）	模型（5）	模型（6）
	underinv	*Gov*	*underinv*	*Gov*	*underinv*	*Gov*
Overseas	－0.0107***	0.2281***	－0.0110***	0.2305***	－0.0059	0.1586***
	（0.002）	（0.004）	（0.002）	（0.005）	（0.005）	（0.012）

续表

变量	投资不足		H股投资不足		N股投资不足	
	模型（1）	模型（2）	模型（3）	模型（4）	模型（5）	模型（6）
	underinv	*Gov*	*underinv*	*Gov*	*underinv*	*Gov*
ROA	0.0120	0.2753***	0.0161	0.2760***	0.0364**	0.1554***
	(0.010)	(0.018)	(0.011)	(0.020)	(0.015)	(0.020)
ATO	-0.0049***	-0.0021	-0.0048***	-0.0008	-0.0008	0.0034
	(0.001)	(0.004)	(0.002)	(0.004)	(0.002)	(0.004)
Cashflow	-0.0256**	0.1319***	-0.0094	0.1311***	-0.0088	0.0538***
	(0.010)	(0.019)	(0.010)	(0.020)	(0.012)	(0.019)
BM	-0.0032***	-0.0150***	-0.0035***	-0.0109***	-0.0037*	-0.0238***
	(0.000)	(0.002)	(0.000)	(0.002)	(0.002)	(0.003)
FirmAge	-0.0070***	-0.0302***	-0.0071***	-0.0318***	-0.0033	-0.0175***
	(0.001)	(0.004)	(0.001)	(0.005)	(0.003)	(0.006)
Mfee	0.0302***	-0.0717***	0.0344***	-0.0661***	0.0482***	-0.0582***
	(0.005)	(0.009)	(0.005)	(0.010)	(0.010)	(0.014)
Constant	0.0813***	0.3516***	0.0804***	0.3522***	0.0656***	0.3220***
	(0.004)	(0.013)	(0.005)	(0.014)	(0.009)	(0.018)
Observations	6675	12532	6313	11869	3521	6874
R-squared	0.061	0.293	0.060	0.310	0.060	0.100
Industry FE	YES	YES	YES	YES	YES	YES
Year FE	YES	YES	YES	YES	YES	YES
r2_within	0.0371	0.275	0.0380	0.289	0.0214	0.0761
F	33.68	636.5	38.47	625.5	4.852	37.09

注：模型（1）、模型（3）和模型（5）中被解释变量（*underinv*）表示投资不足程度；***、**、*分别表示在1%、5%和10%的显著性水平下通过检验，括号中的值为稳健标准误。

表6-12中的回归结果显示：（1）从投资不足企业的整体视角看，模型（1）和模型（2）中核心解释变量（*Overseas*）在1%的显著性水平下通过统计显著性检验，系数符号一负一正；由此判定中国企业境外上市能够降低投资不足程度，该效果受公司治理水平这一中介变量影响。（2）从H股上市投资不足企业的视角看，模型（3）中核心解释变量（*Overseas*）在1%的显著性水平下通过检验，且系数符号为负，模

型（4）核心解释变量（*Overseas*）在1%的显著性水平下通过统计显著性检验，且回归系数符号为正，表明中国企业H股上市通过提高公司治理水平而起到降低投资不足程度的效果。（3）从N股上市投资不足企业的视角看，模型（5）核心解释变量（*Overseas*）未通过统计显著性检验，模型（6）中核心解释变量（*Overseas*）在1%的显著性水平下通过检验，系数符号均为正值，表明中国企业N股上市对投资不足程度的影响不符合前述作用机制。

三、机制检验结果分析

上述机制检验结果表明：（1）从整体视角看，中国企业境外上市对资本配置效率的影响受中介变量公司治理水平的影响；且中国企业境外上市通过促进公司治理水平提升，而产生降低过度投资和投资不足的效果；（2）从境外上市地点维度看，中国企业到中国香港证券市场上市能够促进公司治理水平提升，进而产生提高资本配置效率的效果，该影响机制同时适用于中国企业中国香港上市对过度投资和投资不足的影响；中国企业美国上市对资本配置效率的影响机制未通过检验；（3）从企业所有权性质维度看，无论是中国国有企业还是民营企业，境外上市均通过促进公司治理水平提升，进而产生提高资本配置效率的效果。

（一）公司治理水平提升与资本配置效率提高

基于以上实证结论可以判定：中国企业境外上市整体、中国企业中国香港上市、中国国有企业和民营企业境外上市对资本配置效率影响效果的产生受公司治理水平提升这一中介变量的影响，该结论符合第三章所述的企业境外上市对资本配置效率影响的相关理论。

从“绑定假说”的视角看，在双循环新发展格局下，中国企业境外上市的过程可以视为与境外证券市场的法律、声誉进行绑定的过程。从中国企业境外上市情况看，上市地点主要集中于中国香港地区。纵观中国香港证券市场的发展历程，其已有百年以上的发展历史，而中国境内证券市场在20世纪90年代才刚刚起步。相较而言，中国香港证券市场的各项法律法规、制度体系、经营制度安排、配套服务设施已经十分完善，中国企业赴中国香港证券市场上市则需要接受中国香港证券市场的监督管理，不断完善公司治理水平。具体来看，香港联合交易所制定了完备的《上市规则》，对上市企业信息披露质量的要求明显高于中国境内。结合前述公司治理水平测算，信息披露质量是公司治理水平的关键变量，信息披露质量的高低直接影响上市企业的公司治理水平。数据资料显示，在中国香港上市企业中，经由四大会计师事务所审计的企业数量明显高于中国境内，表明中国香港地区上市企业的信息披露质量较高。

从“市场分割假说”“投资者认知假说”“流动性假说”理论出发，无论是中国国有企业境外上市还是民营企业境外上市，其境外上市行为即为打破中国境内、境外资本市场“分割”状态的过程。随着市场分割状态被打破，国有企业和民营企业的股票流动范围由中国境内扩大至境外，股票流动性增强，投资者基数扩大，境外投资者与中国企业的联系随之加强。中国国有企业和民营企业境外上市的过程，即为提高企业声誉和国际影响力的过程。在该过程中，投资者对中国企业的认知程度不断提升，投资者基数将随境外上市行为得以扩大，为外资股东参与公司治理提供了契机。从该视角看，中国企业境外上市行为为降低股权集中度创造了重要的外部条件，境外投资者的进入可以减少大股东联合管理层隐藏公司负面信息等谋取私利的行为，从而提升公司治理水平，分散企业经营风险，中国企业的公司治理水平得以提升。

结合“投资者保护假说”可知，相较于中国境内证券市场，境外证券市场尤其是中国香港证券市场对投资者的保护程度明显偏高，这更有利于企业声誉机制建立。结合公司治理理论，良好的声誉机制有助于完善上市董事会与监事会体制机制，促进企业形成完善的监督约束机制，该过程即为公司治理水平提升的过程。即，中国企业通过到投资保护程度高的境外证券市场上市，促进中国企业建立声誉机制，董事会、监事会、经理层之间形成更加完善的监督约束机制，中国企业的公司治理水平随境外上市行为而得以提升。

综上所述，在国内国际双循环格局下，中国企业境外上市对资本配置效率的影响符合“中国企业境外上市→公司治理水平提升→资本配置效率提高”的作用机制。该机制在中国企业境外上市整体维度、中国香港证券市场上市维度、国有企业和民营企业维度均成立。

（二）中国企业美国上市对资本配置效率影响机制未通过检验的解释

中国企业美国上市有助于企业提高公司治理水平，但不利于提高资本配置效率，即中国企业美国上市对资本配置效率的影响机制未通过检验。从理论视角看，中国企业美国上市对资本配置效率影响机制不符合第三章所提及的“绑定假说”“市场分割假说”“流动性假说”“投资者认知假说”以及“投资者保护假说”等主流理论。

导致该结论的主要原因在于：（1）美国证券市场过高的监管和治理标准降低了中国企业的运营灵活性。目前，美国证券市场起主导作用的《萨班斯—奥克斯利法案》对在美国上市的中国企业公司治理要求十分严苛，中国在美国上市企业为了遵循“美国标准”，可能需要大量的资源投入，如增加合规成本支出、加强内控体系建设等。这一过程尽管能够促进中国企业提高公司治理水平，但是却伴随着更高的监管和合规成本，使得中国企业在资本配置时更为保守和谨慎，降低企业的灵活性，不利于提高资本配置效率；（2）中国在美国上市企业因公司治理水平提升而引发过度内控和决策时滞。中国企业在美国证券市场上市后，公司治理水平能够得到一定程度的提升，但是公司治理水平提升后可能会带来更为严格的内部控制和更加透明的决策，这种治理水平的提升使得企业可能需要更复杂的审批流程，并接受更多境外股东的监督，导致资本配置效率下降；（3）中国企业需要根据美国资本市场的特性调整企业战略。中国企业到美国资本市场上市后，可能会为了符合美国资本市场的短期业绩要求调整战略，美国投资者通常关注企业季度业绩表现，在美国上市的中国企业为了满足股东期望，可能减少长期资本投资或进行低风险的短期投资，从而忽略长期资本配置效率；（4）因公司治理文化差异导致中国在美国上市企业的内部协调成本增加。中国企业在美国上市后所面临不仅包括美国的监管体系，还需要应对中国和美国之间的公司治理文化差异。美国公司治理体系强调更高的透明度和更强的股东保护，这些公司治理原则可能与中国的企业文化产生冲突。即中国企业在美国上市能够提高公司治理水平，但是企业的内部协调成本随之增加，降低资本配置效率；（5）市场的不确定性导致中国企业在美国资本市场上市后采取保守的资本配置策略。中国企业在美国资本市场上市后，面临的市场环境更加复杂多变，特别是在经济或政治不确定性较高的时期，如中美贸易摩擦、《外国公司问责法案》签订等，导致中国企业采取更加保守的资本配置策略，减少风险性投资，转向更加稳健的财务管理模式，导致资本配置效率下降。

第四节 本章小结

本章主要分析中国企业境外上市对资本配置效率的影响机制，首先，采用熵权法从董事会、股权结构和信息披露三个角度明确了中介变量公司治理水平的衡量体系并展开测算；其次，在测算结果基础上，从上市地点、企业性质和过度投资及投资不足三个维度对企业公司治理水平进行了微观层面和宏观层面的分析；最后，通过中介效应模型对中国企业境外上市对资本配置效率的影响机制进行了检验。本章主要得到以下结论：

第一，公司治理是用于协调股东、董事会、监事会、经理层关系，促进信息披露质量提升的一种综合性制度安排，其受到董事会、股权结构和信息披露等多重因素的共同影响。

第二，中国境外上市企业的公司治理水平明显高于境内上市企业，并且这一结论既适用于国有企业，也适用于民营企业；同时，H股上市企业的公司治理水平明显高于N股上市企业；对于过度投资和投资不足企业而言，中国H股上市的公司治理水平均高于境外上市企业，而N股上市企业和境内上市企业的公司治理水平则处于相对较低的水平。

第三，计量模型检验结果表明，从中国企业境外上市整体视角看，中国企业境外上市对资本配置效率的影响确实可以通过公司治理水平这一中介机制产生作用，并且对国有企业和民营企业均适用，同时还会产生降低过度投资和投资不足水平的效果；从上市地点的视角看，中国企业在H股上市可以通过提升公司治理水平提高资本配置效率，并降低过度投资和投资不足水平，而中国企业在N股上市只能提高公司治理水平，并不能判定可以提高资本配置效率，本书将导致这一结果的原因归结于美国资本市场监管严格性、文化差异性和市场不确定性。

第七章

推动中国企业境外上市促进双循环格局构建的路径分析

前述实证研究结果显示，双循环格局下推动中国企业境外上市有助于提高企业资本配置效率，且这一结论遵循“企业境外上市→公司治理水平提升→资本配置效率提高”的作用机制。企业境外上市是中国微观层面对外开放的抓手，且企业境外上市兼具“引进来”与“走出去”的属性，是国内国际双循环格局构建的具体回应。基于此，本章结合中国企业境外上市的障碍因素和代表性国家企业境外上市的经验，设计推动中国企业境外上市促进双循环格局构建的路径。

第一节　中国企业境外上市面临的障碍因素分析

在全球复杂的经济和政治环境中，中国企业在境外上市面临着诸多障碍。这些障碍不仅源自不同市场的法规要求，还包括政治、经济、文化等多维因素。本节将从政治、经济、文化等角度深入分析中国企业境外上市面临的障碍因素，在此基础上研判促进双循环格局构建的着力点。

一、政治方面障碍因素分析

近年来，国际政治格局发生了深刻剧烈的变化，地缘政治风险的复杂性和不确定性显著加剧，引发了多重政治和经济冲突。一系列全球性事件不仅动摇了国际经济秩序，还对金融市场的稳定性产生了深远的影响。尤其是在大国博弈越发激烈的背景下，中国企业面临的境外上市环境越发严峻。随着全球主要经济体之间的政治紧张关系不断升级，一些国家开始针对中国企业实施更为严格的监管措施，甚至采取限制其在本国资本市场融资的手段。中美之间的贸易摩擦、技术竞争及其他地缘政治争端，使中国企业在国际资本市场上的运作面临前所未有的挑战。这些变化增加了中国企业境外上市的不确定性，迫使其在境外上市过程中面对更多的审慎监管与合规风险，严重影响了中国企业国际化进程。

从市场选择来看，中国香港、美国等证券交易市场是中国企业境外上市的主要目标市场。考虑到美国资本市场是全球金融中心，拥有良好的流动性，以及外汇管制相对宽松，融资难度相对较低，使其成为中国企业境外上市的重要选择。但美国总统特朗普上台后制造中美贸易摩擦、对中国企业滥用制裁措施，造成了中美贸易关系的紧张态势，为中国企业赴美上市带来了诸多不确定因素。并且美国政府一直对于遏制中国发展怀有政治诉求，这使中国企业在美国资本市场上市面临更大的政治风险。美国出台的《外国公司问责法案》（HFCAA）要求外国企业提供极为透明的审计报告，要求其披露公司结构、潜在的政府控制、VIE（可变利益实体）结构以及数据安全等多方面的信息，否则将面临退市风险。该法案以强化监管为名驱逐中概股，可以窥见美国在国际投资领域“去中国化”的意图。中国企业受到政治干预的影响，增加了合规负担，削弱了在国际资本市场的信任度。

二、经济方面障碍因素分析

（一）融资成本及维护费用障碍

前述投资者保护假说（Investor Protection Hypothesis）指出，投资者保护程度更高的国家和地区能够为企业带来更高的溢价，对企业上市有更强的吸引力。对投资者保护程度高意味着该市场有更高的信息披露标准，背后是该市场在法律、会计、保荐等多方面做的大量工作，其蕴含的人力资本要远高于其他市场，同时企业境外上市的成本也会增加。具体来看，企业上市涉及的成本包括两个方面，一方面是初次发行费用，包括上市费用、交易所费用和中介费用等，另一方面是持续性交易费用，包括上市月费、会计师费用、信息披露费等。其中中介费用占比最大，决定着企业上市的总成本。据估算，企业在境内上市的初次发行费用接近境外上市的一半，而持续发行费用则更低。但中国企业选择境外上市更加注重上市的成功率和效率，对上市成本和后期费用较为忽视，这可能会导致企业上市后因经营不善导致无力负担高额费用造成退市的情况。例如盛大网络于纳斯达克上市后面临高昂的合规成本和监管要求，特别是《萨班斯—奥克斯利法案》（Sarbanes - OxleyAct）带来的审计与合规负担，使得盛大网络需要支付高额的审计费用、法律费用以及管理系统的维护成本，最终在 2011 年选择主动私有化退市。由此可以看出，高额的融资成本和维护费用是企业境外上市需要考虑的重要因素。

（二）汇率波动对企业境外上市带来不确定性

地缘政治、贸易摩擦及主要经济体货币政策的分化导致了全球经济的不确定性和政治的不稳定性，继而加剧汇率风险。货币市场的波动会引发资本市场的变化，汇率波动会对企业的成本和收入产生不确定性影响。交易成本理论认为，任何市场交易过程都伴随着一定的费用，而当交易过程和结果充满不确定性时，交易的执行和监督成本会增加。企业境外上市意味着其将直接面对国际市场的汇率波动风险，这可能会影响合同的执行，造成交易成本提高，增加企业财务压力。而根据财务不确定性理论分析，当企业面临未来现金流、经营利润等财务信息难以预测时，可能导致其投资行为更加谨慎，在资源配置、投资决策及融资结构等方面出现偏差，进而影响企业盈利能力和市场价值。人民币汇率的波动增加了企业收入和成本的不可预测性，不仅影响企业的实际收益，还会影响投资者对企业的信心，导致股价波动。因此，汇率不稳定导致的金融风险成为中国企业境外上市的另一个重要障碍。

三、文化方面障碍因素分析

文化差异是中国企业在境外上市后面临的另一大障碍。欧美证券市场强调透明度、规则意识和责任制，对企业财务透明度的要求极为严格。以美国为例，在《萨班斯—奥克斯利法案》（Sarbanes - Oxley）出台后，美国对上市公司的财务报告、审计和内部控制的合规性要求进一步提升。法案要求企业财务报告要完全符合证券交易法，在所有重大方面公允地反映财务状况和经营成果，并要求附带内控体系的年度评估。财务报告由公司首席执行官和财务总监完全负责，违规企业的高管面临着罚款甚至牢狱的惩罚。而在中国的商业文化中，关系导向和灵活性较为普遍。部分管理者未充分认识到财务透明和诚信的重要性，并且中国企业在早期扩张的过程中，缺乏与国际标准一致的财务管理体系，这种文化差异在财务报告和会计操作上表现为对法律法规的不同理解和执行力度上的区别，不同衡量尺度的碰撞就会导致矛盾。2001 年，网易、新浪、前程无忧等公司相继因为“隐瞒信息、虚假报告、信息披露不当、披露不及时”等原因遭到美国诉讼；2012 年，奇虎 360、东方纸业等通过逆向收购上市的中国企业被质疑财务透明度和合规性，后被集体做空被迫退市。中国企业会计造假问题的曝光以及由此引发的中概股在美国证券市场的集体退市现象，深刻体现了文化差异对跨国企业经营和资本市场运作的影响。

此外，监管文化的差异加剧了这一问题。在中国，监管机构对于企业信息披露和财务审计的监督相对宽松，尤其是在地方政府出于保护本地经济和就业的考量下，对某些企业的违规行为可能不会给予严厉监管和及时处罚。例如，康美药业在2016—2018年存在财务造假，通过虚增收入和资产、篡改财务数据等手段，帮助公司在股市上吸引了大量投资，累计虚增利润近300亿元人民币，但是却迟迟未被监管机构发现并处罚，这暴露了企业信息披露和监管审计的不严密。然而，美国证券市场对企业的财务造假行为采取零容忍态度，若企业不能提供符合美国审计标准的财务报告，便会遭到罚款、退市甚至诉讼处罚。美国浓厚的诉讼文化使得上市企业所发布的任何信息的瑕疵都可能成为律师发起集体诉讼的理由，而一旦形成集体诉讼，上市公司获胜的可能性很小。总体而言，管理文化的差异及其在会计准则和监管手段上的表现反映了境外上市企业在文化融合和制度适应上的挑战。

四、推动中国企业境外上市促进构建双循环格局的着力点

面对上述障碍，中国企业在境外上市的过程中，应积极向国家“国内国际双循环”战略靠拢，找到解决问题的切入点和着力点，融入全球资本市场，推动构建“国内国际双循环”新发展格局。

第一，政府要着眼于政策完善与金融创新，加大对企业“走出去”的政策支持，通过优化外汇管理、放宽境外投资的限制、帮助企业做好与国际会计准则的对接，为企业提供更多金融支持。同时，金融机构可以通过创新金融工具，帮助企业规避汇率风险和融资难题。此外，政府应加强与境外资本市场的沟通与合作，推动国际市场对中国企业的认知和接受，为构建双循环格局营造良好的市场氛围。

第二，企业要着力于加强国际化经营能力，在国内大循环的基础上，提升其全球化管理能力，在跨文化沟通、信息披露和国际市场拓展方面要加强与国际资本市场的对接。与此同时，企业要通过优化内部管理机制，提升公司治理水平，增强投资者信心，提高全球合规能力，增

强企业的国际竞争力。

第二节　推动中国企业境外上市促进双循环格局构建的经验借鉴

在前述分析的基础上，本节从经验借鉴的视角出发，选取巴西、印度 2 个代表性的发展中国家，英国、美国、德国、日本 4 个代表性的发达国家，具体分析其推动企业境外上市的策略，为推动中国企业境外上市提供经验借鉴。

一、发展中国家推进企业境外上市的策略分析

（一）巴西推动企业境外上市的措施

巴西推动企业境外上市的具体策略可分为加大税收优惠、完善法律框架体系以及提供服务措施三个方面，具体措施如下：

1. 加大税收优惠

在加大税收优惠措施方面，巴西主要采取了如下措施：（1）巴西政府针对在海外市场上市的企业提供一定的税收减免政策，《国家税务法》规定了企业在特定情况下享有的税收优惠，其中就包括境外上市行为。而巴西税务局（Receita Federal）发布的实施细则中更是明确了境外上市企业税收优惠的适用条件。这些优惠条款涉及境外上市企业税率的调整和特定费用的减免。（2）巴西政府调整境外上市企业资本利得税的征收政策，对企业境外上市后获得的投资回报给予优惠税率，鼓励企业在海外获得融资。资本利得税（Imposto de Renda sobre Ganhos de Capital，IRGC）是针对个人和企业在出售资产（包括股票、房地产等）时获得的利润征收。《2019 年财政法案》提出，对于境外上市企业，若其股票在境外市场的销售获利能够直接用于扩展国内业务或投资于巴西

市场，则可以享有税收减免政策。（3）巴西政府为企业在国际化过程中尤其是市场推广和品牌建设方面提供补贴，一方面，巴西国家发展银行（BNDES）为境外上市企业提供低息贷款和融资项目用于支持企业市场开发、技术转移和生产能力扩展，促进企业国际化进程；另一方面，巴西出口和投资促进局（Apex - Brasil）为企业打入国际市场提供市场调研、品牌推广等支持，甚至直接给予出口补贴、研发补助等资金支持。这些政策通过减少境外上市企业的税费，降低整体融资成本，提升资金使用效率，将更多资金配置到技术研发和创新方面，从而提升发展潜力，提高自身国际竞争力。

2. 完善法律框架体系

从完善法律框架体系维度看，巴西主要通过如下三个方面措施推进本国企业到境外资本市场上市融资：（1）提高公司治理标准。巴西政府实施了一系列公司治理规范，强化董事会的独立性、财务报告的准确性和及时性，增强对投资者的保护，提高企业透明度和责任感。具体而言，要求企业在海外上市时不仅要遵循资本市场所在国的证券法规和交易所规则，还要遵循巴西证券交易委员会（CVM）对信息披露和资金流动管理的要求，及时公布定期财务报告和重大事项，并保证资金的合规性和合法性。（2）简化上市程序。巴西证券交易委员会（CVM）明确了企业境外上市的注册程序，对申请备案程序进行简化，减少烦琐的文件和审批环节，减轻了行政负担，使得企业能够更高效地在国际资本市场上市。另外，巴西《公司法》规定了公司合并、分立和解散的基本程序，明确上市公司的治理结构，降低了境外上市企业在合并和收购时的合规复杂性，在简化企业境外上市过程的基础上，还考虑了操作层面的准确性和灵活性。（3）健全信息披露制度。巴西通过一系列法律法规健全境外上市企业信息披露政策，实行定期报告和重大事件披露制度，并且要求由合格的审计机构按照国际财务报告准则的标准进行审计，以确保信息的及时性、准确性、可靠性，以保证投资者的知情权。同时，为了增强国内投资者的认知，所有公开的财务报告和重大事件公告均要求以葡萄牙语发布。这些政策和要求提高了巴西境外上市企业的信息透明度，保护了投资者权益，增强了资本市场的整体信任度。

3. 提供服务措施

巴西政府为企业提供专业的咨询，帮助企业了解国际市场的法律法规、文化差异及行业趋势，以制定合理的境外上市策略，并组织关于境外上市、公司治理和市场营销等培训课程，提升企业国际化视野。另外，巴西政府不仅支持企业积极参加国际展会，提升品牌国际知名度，开拓海外市场，而且还主动组织国内企业与海外投资者对接，协助企业境外上市。

（二）印度推动企业境外上市的措施

与巴西类似，印度政府采取了简化行政程序、给予税收优惠、完善法规体系等措施推进企业境外上市，其具体做法如下：

1. 简化行政程序

从简化行政程序的维度看，印度主要通过如下措施推动企业境外上市：（1）印度在法律层面放松了企业境外上市的部分限制。利用《公司法》《外汇管理法修正》对外汇交易和资本账户管理进行松绑，允许企业在海外市场认购资金，降低了对企业境外上市的限制。（2）印度设立“外资投资委员会”（FIPB）（已于 2017 年度除），用于统一协调和审查对外投资项目的审批，不仅降低了审批的层级，从多部门审批转变为集中审核，减少了多个部门之间的烦琐手续，而且为企业境外上市提供统一的咨询和审批协助，提供一站式服务。（3）印度简化了境外上市企业的税务申报流程，降低了企业的合规成本，确保其能够专注于业务发展。

2. 给予税收优惠

在税收优惠方面，印度政府通过如下措施推进企业境外上市：（1）减免资本利得税和企业所得税。印度规定对在海外证券交易所上市的公司，其在境外市场交易所获得的资本利得可以根据持有期长短有所不同给予不同的资本利得税率，持有期越长，税率越低，甚至可以享受完全免税。另外，对于境外上市的高科技、绿色能源等特定行业的企业，有资格享受企业所得税减免政策；对从境外市场获得的外汇收益，可以享受税收豁免。(2) 降低其他费用成本。对于在境外上市的企业，印度允许企业与税务机关达成事先定价协议，使用更灵活的转让定价方法（如固定收益），以减少因转让定价带来的税收合规负担，同时简化转让定价文档要求，降低合规成本。此外，境外上市企业的研发支出可享受税收抵免，在鼓励企业进行技术创新和产品研发的同时，也在一定程度上降低了企业的成本和风险，增强了企业前往国际资本市场上市的底气和能力。

3. 完善法规体系

印度通过一系列法律法规为企业境外上市提供了清晰的法律框架，其中《公司法》规定了董事会和股东在境外上市前需要的批准程序，对财务报表和审计报告进行了规定，《外汇管理法》涉及了企业境外上市过程中的外汇交易与资本账户交易事项，《中华人民共和国证券法》规定了企业在境外上市时需要遵循的透明度和合规性要求，允许境外上市企业在满足基本透明度的前提下，采取相对灵活的信息披露策略。

二、发达国家推进企业境外上市的策略分析

（一）英国推动企业境外上市的措施

在全球化的背景下，企业境外上市成为实现资本全球配置、提升企业国际竞争力的重要路径。英国作为全球金融中心之一，长期以来通过多层次的政策支持、金融制度改革、与国际资本市场的深度融合，成功推动本国企业在国际市场上市，提高了企业的资本配置效率和国际竞争力。其具体做法如下：

1. 制定金融政策与法规

英国政府在支持企业境外上市方面，通过制定完善相关法律法规，构建了一个有利于企业在国际资本市场顺利进行融资和上市的法律环境。英国的《公司法》和《证券法》为企业上市提供了灵活的框架，

允许企业在符合一定条件的情况下选择不同的上市地点，如伦敦、纽约等国际金融中心。这种法律环境的灵活性为企业提供了多样化的选择，鼓励其在更有利的国际市场进行资本运作。此外，英国政府通过财政和税收政策为企业境外上市提供激励。例如，为了吸引海外资本和提高本国企业在国际市场的竞争力，英国政府对在国际市场上市的企业给予一定的税收优惠。这不仅减少了企业的财务负担，也提升了其在国际市场上的吸引力，从而进一步推动了企业境外上市的积极性。

2. 积极参与国际合作与规则制定

为推动企业境外上市，英国积极参与国际合作与规则制定，其具体做法如下：（1）英国政府高度重视与国际金融机构的合作，通过建立与全球主要证券交易所和金融机构的联系，确保本国企业能够无缝进入国际资本市场。例如，伦敦证券交易所与纽约证券交易所、中国香港交易所等建立了长期合作关系，推动了跨境资本流动的便利化。这种跨境合作使得英国企业能够迅速适应不同市场的规则和标准，从而提高其境外上市的成功率。（2）英国政府和金融监管机构也积极参与国际金融组织的规则制定，金融行为监管局（FCA）和英格兰银行等机构在制定跨境资本流动、金融市场透明度和企业上市监管标准等方面积极参与，推动全球范围内的金融监管规则与国内的政策框架保持一致，确保英国企业在境外上市时能够获得明确的法规指导和有效的监管保障。在金融执行过程中，英国通过协调国际资本市场各方的监管协调、应用规范等行为，推动了全球资本市场的透明化、合规化和效率化发展，为本国企业顺利进行境外上市提供了强有力的支持。

3. 发展教育与培养人才

英国不仅在政策和法律层面为企业境外上市提供支持，还高度重视金融人才的培养和教育。英国的大学和专业机构长期以来开设了专门针对资本市场和跨境融资的课程，帮助企业管理层掌握境外上市所需的金融技能和法律知识。同时，英国企业也积极与国际金融机构合作，聘请具备全球资本市场经验的专业顾问团队，为企业的境外上市提供全方位的咨询与支持。这种教育与人才支持体系确保了英国企业在境外上市过程中具备足够的金融和法律知识，能够从容应对国际资本市场的复杂性。同时，英国政府通过政策引导，鼓励企业管理层参加各种金融市场培训项目，提升其跨境运作能力，从而为本国企业在国际资本市场上的成功奠定了坚实基础。

4. 发展金融科技

近年来，金融科技的快速发展为企业境外上市带来了新的机遇。英国作为全球金融科技的领先国家，积极推动区块链、人工智能等新兴技术在资本市场的应用。这些创新技术不仅提高了资本市场的效率，也为企业境外上市提供了新的渠道和工具。例如，电子化证券发行（STO）为英国企业提供了一条新的上市途径：企业借助区块链技术，将传统的股票和债券数字化为证券代币（Security Token）。区块链技术不仅可以快速进行并且重点关注跨境资金转移，不再依赖传统的银行转账系统，降低了跨境资金流动的障碍，还可以通过去中心化的记录方式，保障交易的透明度和安全性。金融科技的发展还促使英国资本市场监管体系进行创新，降低了境外上市的合规成本。例如，通过大数据分析和智能合约技术，企业能够实时跟踪和分析各地的监管要求，自动生成合规报告并监控跨境交易中的潜在风险，更精确地进行资本运作规划，降低企业在境外上市时可能面临的合规成本，提高应对不同市场监管标准的灵活性。

（二）美国推动企业境外上市的措施

美国作为全球经济和金融的领军者，其企业在国际资本市场的活跃程度无疑处于世界领先地位。美国凭借强大的经济基础与一系列政策支持、金融市场的国际化优势、金融创新能力、法律与合规体系的完善，为企业境外上市创造了良好的环境。其具体做法如下：

1. 稳定的经济基础与全球竞争力

美国的强大经济基础不仅使其企业在国际市场上具备竞争优势，还增强了国际资本市场对美国企业的信心与依赖。一方面，美国作为全球最大的经济体，经济基础较为稳健，在金融服务、信息技术、高端制造等产业都具有显著的竞争优势，并且市场经济体系高度发达，政府干预较少，市场化程度高。这不仅能够降低企业拓展国际市场的内外部风险，为境外上市创造有利条件，还可以在境外上市过程中灵活应对国际市场的需求和变化。另外，强大的经济基础为美国企业上市提供了捷径，美国企业可以凭借资产优势通过全球并购和战略合作快速进入国际市场，节省时间和成本。另一方面，美国企业具有稳定的市场前景和抗风险能力，这使得其对国际资本的吸引力更强。并且美元作为全球储备货币，在国际投资中占据主导地位，这种优势能让美国企业在境外上市过程中享有更多的融资渠道和优惠政策，增强国际投资者对美元体系的经济依赖。

2. 金融政策支持与税收激励

美国实施了一系列有利于企业跨境上市融资的政策和税收激励措施。这些政策通过提供法规指导、减少税负、优化上市流程，帮助企业更便捷地进入国际资本市场。美国证券交易委员会（SEC）与财政部通力合作，确保企业在选择境外上市时能够获得清晰的法律支持，特别是在税收方面，美国的税制采取了避免双重征税的措施。具体而言，企业选择跨国上市时不必为跨境资本运作承担过重的税收负担。这种税收激励政策为美国企业在境外资本市场中的资金募集创造了良好条件，吸引了更多企业考虑在全球市场进行上市。

此外，美国还为中小型企业提供特别的融资支持政策。例如，通过小企业管理局（SBA）提供融资担保，帮助中小企业进行国际资本市场融资。这种多层次的政策支持体系，使得美国企业无论规模大小，都能够在境外上市时获得金融和政策方面的帮助，减少了上市成本，提高了资本配置效率。

3. 金融市场自由化与国际化

美国的金融市场以其高度的自由化和国际化著称，美国证券市场的开放性为美国企业跨境上市提供了便利的条件。纽约证券交易所

（NYSE）和纳斯达克（NASDAQ）作为全球极具影响力的证券交易所，与世界各国的金融市场建立了深厚的合作关系。通过这些合作机制，美国企业在境外上市时可以更方便地进入全球资本市场，迅速获取国际投资者的资金支持。同时，全球资本市场的流动性和美国资本市场的深度相辅相成。美国金融市场与欧洲、亚洲等其他地区资本市场的互联互通，使得跨境资本交易更加便捷。美国的交易所与全球结算系统的合作能够确保资本在不同市场间自由流动。这种自由化和国际化的环境，不仅为美国企业在国际资本市场中募集资金提供了强大的支持，也有助于其更有效地进行全球范围内的资本运作，增强资本配置效率。

4. 完善法律法规与合规体系

美国高度发达的法律与合规体系为企业境外上市提供了坚实的法律基础，美国证券交易委员会（SEC）通过一系列严格的法律法规，如《证券法》和《交易法》，为企业境外上市制定了详尽的规则和流程，确保其上市行为符合法律要求。尤其是《萨班斯—奥克斯利法案》，以极严格的标准规定上市企业遵守信息披露和公司治理要求。这一法律不仅确保了企业在上市过程中的透明度，也增强了国际投资者对美国企业的信任。美国的合规体系在全球资本市场中扮演了重要角色，SEC 通过与国际金融监管机构的合作，推动全球范围内金融规则的协调与一致性。美国企业在境外上市时，能够在 SEC 的合规框架下，获得国际市场的监管支持，确保其在跨境资本交易中遵循全球标准。这一系统性支持显著降低了美国企业在不同市场中的合规风险，使其能够更加专注于核心业务发展，并通过更高效的资本运作来提升全球市场竞争力。

（三）德国推动企业境外上市的措施

德国作为欧洲最大的经济体之一，拥有强大的制造业基础和高度发达的资本市场体系。尽管与英国和美国相比，德国的金融市场规模相对较小，但其在推动本国企业境外上市方面仍然积累了丰富的经验和策略。具体做法如下：

1. 打造稳健的经济基础，推动企业国际化战略

德国稳健的经济和强大的工业基础为企业在全球资本市场上提供了良好的信用背书，德国企业尤其是制造业领域的跨国企业，已经在全球市场中建立了牢固的市场基础和品牌声誉。通过长期的技术创新和国际市场开拓，德国企业在境外上市时具备了较强的竞争力，能够吸引国际投资者的广泛关注。同时，德国政府通过战略性引导，推动企业更加积极地参与国际资本市场。例如，德国政府通过“工业 4.0”等国家战略，推动企业数字化、智能化转型，提升企业全球竞争力。另外，德国采用政策引导与资本市场联动的模式，鼓励本国企业通过国际化资本市场获得更多的资金支持，推动其全球扩张和技术升级。这些政策措施有效帮助德国企业提高了在国际市场中的竞争力，并进一步提升了其在境外上市过程中的资本配置效率。

2. 强化资本市场的透明度与稳定性

德国金融市场的稳定性和透明度为企业境外上市奠定了坚实的基础。一方面，德国法律要求上市企业要严格遵循信息披露义务，定期发布财务报告，及时发布重大事件，以确保公司在公开市场中的行为透明且准确。同时还要求上市公司遵循国际财务报告准则（IFRS），确保其财务报告与国际市场接轨。这使得外国投资者能够更加准确地理解和评估德国企业的财务状况，降低了信息不对称带来的风险，从而促进了跨境资本流动和德国企业的境外上市。另一方面，德国对公司治理的要求非常严格，强调管理层的责任与透明性。德国采用“双层董事会”结构，包括执行董事会和监事会，并对其职权做了明确规定，以确保管理层与监督层的分离。这样的公司治理结构有效地减少了市场内部交易和操纵行为，确保了管理层的决策透明度，保护了中小投资者的利益，防止利益冲突和不正当行为，从而提升了市场的透明度和公信力。

3. 与全球证券交易所和金融机构的深度合作

德国高度重视与国际资本市场的连通性，通过与全球主要证券交易所的合作，推动了本国企业在国际市场的上市活动。德国的法兰克福证

券交易所（Deutsche Börse）是欧洲最大的证券交易所之一，其与全球主要交易所，包括纽约证券交易所（NYSE）、伦敦证券交易所（LSE）、中国香港交易所（HKEX）等建立了密切的合作关系。这种跨境合作不仅为德国企业在境外上市提供了更多的渠道选择，也为其顺利融入全球资本市场创造了条件。通过这些合作机制，德国企业在选择境外上市地点时享有更多灵活性。例如，法兰克福证券交易所与纽约证券交易所的合作为德国企业提供了双重上市的机会，使其能够同时在欧洲和美国进行资本运作，扩大了融资来源。这种双重上市模式有效降低了企业的市场风险，并提高了其在全球市场中的影响力和吸引力。

4. 通过金融创新推动资本市场发展

德国政府积极推动金融市场的创新，通过引入新的金融工具和平台，帮助企业更好地进行跨境融资和上市。例如，德国的 Xetra 电子交易平台是法兰克福证券交易所推出的全球领先的电子交易系统，覆盖广泛的金融产品，帮助企业更高效地进入全球资本市场。Xetra 平台通过其高效、透明的交易机制，显著提升了资本市场的流动性和透明度，为企业提供了更便捷的上市通道。

5. 金融监管的灵活性与国际规则协调

德国的金融监管体系能够根据市场变化进行调整，以确保企业在境外上市时享有合适的法规支持，具有一定的灵活性。一方面，联邦金融监管局能够根据不同时期的市场需求和风险状况动态调整监管政策以应对潜在的市场风险。另一方面，在国际资本市场出现波动时能及时出台临时性的监管措施，为企业提供更为宽松的融资和上市条件。另外，德国的金融监管体系通过与国际监管机构的紧密合作，保持了灵活的国际协调能力。德国不仅遵循欧盟金融监管规则，还积极参与巴塞尔银行监管委员会、国际证券委员会组织（IOSCO）等全球金融监管机构的规则制定工作。这不仅确保德国国内的金融规则能够与国际市场接轨，也使得德国企业在境外上市时能够获得符合国际标准的法规支持和保护。这种监管的协调性和灵活性帮助德国企业在全球市场中顺利进行资本运作，减少了跨境上市的合规风险。

（四）日本推动企业境外上市的措施

日本推动企业境外上市的策略与实践，是其国家经济发展和全球化战略的重要组成部分。对其策略研究可以从政策环境、金融制度、法律框架及人才培养等多个角度进行分析。具体做法如下：

1. 政策支持与宏观调控

日本政府在推动企业境外上市方面采取了多层次的政策支持。首先，政府明确将境外上市作为促进资本流动、加强国际竞争力的战略手段。并为此设立了一系列政策激励措施，鼓励企业参与国际资本市场。20世纪90年代，日本经历了泡沫经济的破裂，为了恢复经济活力，政府推动以“金融大爆炸”为标志的金融自由化改革，放宽了企业资本流动的管制，鼓励企业利用全球资本市场进行融资。此类政策不仅为企业海外上市铺平了道路，还减少了资本流动壁垒，使得企业能够更自由地进行跨国资本运作。此外，日本的外汇管理政策也不断放宽，《外汇与外国贸易法》取消了对外贸易的限制，允许更多的企业在国际市场上发行股票和债券，增强了企业进行跨国投资和融资的灵活性，为企业境外上市扫清了障碍，推动了日本企业在全球范围内的资本运作。日本对政策支持和宏观调控的协调性控制较为谨慎，在推进资本市场开放的同时，金融厅（FSA）加强了对企业的监管，确保其在境外上市过程中的透明度与合规性，通过货币政策与财政政策的配合，保持宏观经济的稳定性，避免过度开放带来金融风险，为企业境外融资提供了稳定的国内经济环境。

2. 金融制度改革与技术创新

为了支持企业境外上市，日本还进行了金融制度创新与改革。日本通过金融制度国际化，逐步建立了本土金融机构与全球资本市场接轨的机制。日本政府和金融机构一方面与境外证券交易所进行合作，增强信息共享和市场互通，简化日本企业在境外交易所上市的程序，另一方面与国际金融监管组织合作，引入国际监管标准。例如，日本加入巴塞尔银行监管委员会和国际证券监督管理委员会（IOSCO），并逐步采用该组织制定的国际金融监管规则。标准化的监管体系，使得日本企业在境外上市时更容易获得国际投资者的信任，并确保其资本市场运作符合全球最佳实践。另外，日本政府推进金融科技创新和金融系统数字化转型，支持金融机构通过技术创新开发跨境金融工具，如全球存托凭证（Global Depositary Receipts，GDRs）和美国存托凭证（American Depositary Receipts，ADRs），允许企业在尚未在境外交易所上市的情况下，向外国投资者发行证券。这一机制不仅显著降低了境外上市融资时的成本，也降低了企业进入国际资本市场的复杂性，有助于企业更便捷地进入国际资本市场。金融制度的国际化改革极大提升了日本企业在海外上市的效率和可行性，促使企业能够更快速、更低成本地获取国际资本。

3. 完善法律框架与监管机制

在全球资本市场上，透明度和良好的公司治理结构是获得国际投资者信任的关键。日本为了推动企业境外上市建立了健全的法律框架与监管机制，要求企业遵守国际金融市场的严格规定。首先，日本加强公司治理和信息披露制度，使得企业在境外上市时具备国际市场要求的透明度和合规性。日本在2000年修订的《公司法》要求企业加强董事会的独立性，并引入更多的外部董事，通过减少大股东对企业的过度控制提高企业决策的透明性和独立性，同时建立更加严格的内部审计制度，确保财务数据的准确性与透明度。《金融工具与交易法》强化企业信息披露，要求定期发布财务报表和管理层讨论分析，对企业的治理结构、财务透明度、风险管理等方面提出了更高的规定。不仅提升了企业在国际市场上的信用，也增加了投资者对日本企业的信心。其次，日本金融厅（Financial Services Agency，FSA）对境外上市企业的监管政策进行调整，明确了企业在境外上市过程中必须遵循的法规和标准，通过加强境外资本流动的合规监管，确保企业在境外上市的过程中能够规避风险，维持健康的资本运作。

4. 培养人才与提升跨境业务能力

为了使日本企业在国际资本市场上能够更加从容应对，日本还注重人才的培养与国际化经营能力的提升。企业的境外上市不仅需要金融方面的支持，还要求企业管理层具备国际视野和跨文化沟通能力。因此，日本政府和企业界共同致力于培养具备国际资本市场知识的专业人才。日本的大学与企业培训项目开设针对资本市场、跨境融资与上市的专业课程，帮助企业管理层掌握上市所需的金融技能和法律知识。此外，日本企业积极与国际金融机构合作，聘请具备全球资本市场经验的专业顾问团队，为企业的境外上市提供全方位的咨询与支持。这一系列的教育与培训计划，帮助企业提升了跨境运作的能力，使得其在境外上市过程中能够更加从容应对复杂的国际资本市场环境。

三、代表性国家推动企业境外上市的策略总结

从巴西和印度两个发展中国家来看，两国均针对本国企业前往境外市场进行上市进行了较为完善的法律监管和引导，通过立法的形式，对信息披露、上市程序等情况作了较为明确的规定。另外，两国均对境外上市企业给予了一定程度上的税收优惠和财政补贴，从经济、政策等各个方面对企业进行支持。这种行为一方面确实可以降低企业境外上市的成本，提高企业的国际竞争力，但是另一方面也可能会被认定为由政府支持的非公平贸易行为，在全球经济和贸易体系中会引发争议和冲突。

从发达国家的普遍行为分析，其推动国内企业境外上市与发展中国家略有异同。二者均追求法律法规、监管制度的完善，并积极与国际标准接轨。但是发达国家强大的经济基础和综合国力使其有资格做国际标准和规则的制定者，而非追随者。其次，发达国家通常不会把政府补贴和税收优惠等政策性因素作为推动企业境外上市的主要手段，而是通过发展科学技术，提高企业创新能力，增强企业的硬实力和国际竞争力。

第三节　推进中国企业境外上市促进双循环格局构建的路径

基于前述中国企业境外上市的障碍因素、推动中国企业境外上市促进双循环格局构建的着力点以及代表性国家的经验。本节结合前述实证研究结论，设计出推进中国企业境外上市促进双循环格局构建的具体路径。具体包括如下几个方面：

一、构建资本市场制度框架，完善法律法规体系建设

（一）完善信息披露制度

信息披露是资本市场运作中最为核心的环节之一，是保障投资者权益、提升市场透明度的重要手段。从审计情况来看，境外上市企业中由四大会计师事务所审计的数量要高于境内上市公司，在一定程度上表明，境外上市公司的信息披露质量要优于境内上市公司。另外，境外上市公司与当地证券市场披露标准也存在一定差距，因此要完善中国上市企业信息披露制度。首先，企业应确保财务信息的透明度，特别是在财务报表、盈利预期和风险提示方面，做到真实、准确、完整。政府则应加强信息披露的监管，推行统一披露标准，要求上市企业提供包括环境、社会责任和公司治理（ESG）等非财务信息的披露报告。尤其对于境外上市企业而言，面对不同的法律环境和市场要求，必须在信息披露上与国际接轨，严格遵守国际标准，从而提升中国企业在国际市场的透明度和公信力。此外，信息披露的及时性和可追溯性也至关重要。政府应通过立法明确规定信息披露的时限和更新机制，确保企业能够在规定时间内公开重大事件和变更信息，避免信息不对称导致的市场风险。同时可以考虑利用区块链等新兴技术手段，保障信息的不可篡改和透明追

踪，从而提高信息披露质量，增强监管效力。

（二）强化市场监管手段

健全的资本市场制度框架离不开有效的市场监管。首先，设立专门的跨境资本监管部门，负责对境外上市企业财务合规、风险管理和投资者权益保护等方面的持续监管，对市场操纵、内幕交易等违法行为进行严厉打击，形成强有力的威慑机制。其次，与境外资本市场的监管机构建立信息共享和联动机制，防止企业利用境外上市规避国内监管漏洞，通过跨国合作强化执法力度，倒逼境外上市企业增强合规能力。最后，要创新监管手段，利用大数据分析、区块链技术等技术手段精准识别异常行为和潜在风险，实时监测企业的市场行为，提升监管效率和精准度，增强国内市场透明度和稳定性。

（三）构建多层次政策支持体系

适当的政策支持可以为企业境外上市提供便利和保障。首先，政府应制定明确的鼓励政策，支持符合条件的有较高技术含量和市场潜力的企业特别是高科技行业企业、技术密集型企业到境外上市，进一步推动其进行技术创新和市场拓展。具体而言，政府可以给予境外上市企业一定的财政支持，通过税收减免、上市补贴等方式，降低企业境外上市的成本。此外，金融机构可以为境外上市企业提供定向的融资支持，帮助企业在上市前后获取充足的资金支持，顺利完成资本运作。其次，为提升企业的国际竞争力，可以对企业管理层进行专门的国际化培训，帮助企业管理层深入了解境外资本市场的法律、文化和经营环境，提升其全球化视野和运营能力。这不仅有助于提高企业的公司治理水平，还能够确保企业在跨境资本运作中具备较强的抗风险能力。最后，要建立国际化的咨询和顾问服务体系，整合全球专家资源，为企业提供政策咨询、法律援助和市场分析，提供一站式的定制化解决方案，帮助企业应对境外市场的法律法规偏差、政策波动和市场环境变化。通过多层次的政策支持，提升企业的国际竞争力，为中国构建双循环格局作出积极贡献。

二、扩大高水平对外开放，积极参与国际规则制定

（一）积极与国际资本市场接轨

与国际资本市场接轨可以为企业提供更广阔的融资平台，同时可以扩大高水平对外开放，提升中国在全球资本市场的地位与影响力。首先，政府要推动资本市场的国际化改革，充分借鉴国际先进证券市场的先进经验，积极引导国内企业接受四大会计师事务所审计，将境内企业的上市标准、会计准则和信息披露等要求与国际惯例接轨。其次，要加强与全球主要资本市场的互联互通，推动更多的双边和多边市场准入机制。例如，“沪港通”“深港通”等机制成功推动了中国内地与中国香港资本市场的相互开放，接下来可以探索与更多国家和地区建立类似的资本市场互联机制，以便中国企业更容易进入海外市场进行融资和上市。

（二）积极参与国际规则制定

全球资本市场规则主要由欧美发达国家主导，中国作为世界第二大经济体，在推动中国企业境外上市的同时，也要积极参与并推动国际资本市场规则的制定和完善，提升中国在国际金融体系中的话语权。一方面，要积极参与国际证券委员会组织（IOSCO）、金融稳定理事会（FSB）和巴塞尔委员会等国际组织和机构的规则制定，主动提出适合全球市场的规则建议，在国际资本市场中发出中国声音，提出中国方案，贡献中国智慧；另一方面，在推动全球资本市场规则制定的过程中，中国应该倡导与新兴市场经济体共同合作，形成更加平衡的国际金融规则体系。目前，发达国家的规则往往偏向于本国利益，而新兴市场国家在资本市场规则制定中相对处于弱势。通过加强与其他新兴市场国家的合作，中国可以共同推动符合新兴市场发展需求的金融规则，确保资本市场规则的公平性与包容性，为全球资本市场的可持续发展贡献力量。

（三）推进人民币国际化进程

人民币国际化是增强中国在全球金融体系中地位的重要途径，加强

人民币在全球资本市场中的使用，能够增强中国的金融主权，减少对美元的依赖提升中国企业在全球市场中的竞争力。首先，要加强人民币在跨境贸易和投资中的使用，特别是在“一带一路”倡议的框架下，推动与共建国家的货币互换和贸易结算，扩大人民币的国际使用范围。通过签订双边货币互换协议和在主要贸易国设立人民币清算银行，使得人民币在国际贸易和金融交易中发挥更大作用，降低中国企业在境外融资和跨境贸易中的外汇风险。其次，推动人民币加入全球主要储备货币的行列，是人民币国际化的重要步骤。目前，人民币已经被纳入国际货币基金组织（IMF）特别提款权（SDR）篮子，未来中国应进一步推动人民币在全球外汇储备中的比例提升，增强其作为全球储备货币的地位。为此，政府需要保持人民币汇率的稳定性和透明度，同时提升国内金融市场的开放度，吸引更多的境外投资者持有人民币资产。最后，要扩展人民币离岸市场，为中国企业在境外融资提供更便捷的渠道。中国香港作为目前最大的离岸人民币市场，已经在人民币国际化中发挥了重要作用，接下来可以进一步推动在更多全球金融中心设立离岸人民币交易平台，提升人民币的国际地位，为构建双循环格局提供坚实的金融基础。

三、大力发展经济，增强企业核心竞争力

从发达国家的经验来看，境外上市企业在国际资本市场的话语权来自稳健的国内经济和强劲的企业竞争力，要达到这一目标，一方面，需要全面深化改革，推动宏观层面经济高质量发展，另一方面，需要加快创新驱动，提高微观企业的国际竞争硬实力。

从宏观角度分析，推动企业境外上市以构建双循环格局，关键在于具备强大的国内经济循环体系和稳固的基本盘。要达到这一目标，可以从以下三方面着手：第一，要通过供给侧结构性改革解决深层次结构性问题。供给侧结构性改革的核心是通过去产能、去库存、去杠杆来优化生产结构，要坚持将资源配置到高附加值、高科技产业中，提升生产要

素的质量和效率，解决经济发展中的深层次结构性问题。通过化解产能过剩、消除低效供给和推动创新驱动发展，实现经济的长效机制转变。第二，加快产业转型升级，提升中国企业在全球产业链中的竞争力。要牢牢把握产业升级的两大抓手：一是推动传统产业的数智化、绿色化转型，将大数据、人工智能等现代技术与传统制造业相结合，实现产业链生产流程的智能化管理，提高能效并降低成本；二是培育战略性新兴产业，布局未来产业。新兴产业和未来产业有高成长性和高附加值的特点，是未来经济增长的重要引擎，要加大对新兴产业的政策支持和资本投入，及时抢占新兴产业市场份额，引导产业结构优化升级，激发经济增长的新动能。第三，大力发展新质生产力，打造新的经济增长点。新质生产力以劳动者、劳动资料、劳动对象及其优化组合的跃升为基本内涵，核心要素是科技创新。发展新质生产力既要强化对基础科学研究的投入，推进产业链技术攻关，加快科技成果转化为生产力，又要全面提升人力资本质量，加大高等教育和职业技能培训支持力度，形成创新型人才的培养机制，推进教育国际化、现代化发展。

从微观角度分析，企业到国际资本市场上市，需要提升自身核心竞争力。要充分发挥科技创新和公司治理的协同作用，促进双轮驱动发展，具体而言：一是要通过科技创新提升企业的核心竞争硬实力。研发具有自主知识产权的技术和产品，避免技术依赖。在高科技产业和制造业领域，企业要更加注重技术创新，增强产品的高端化、差异化属性，提高产品附加值；二是通过提高公司治理水平，增强企业核心竞争软实力。较高的公司治理水平能够提升企业的管理效率和管理透明度。要建立完善的公司治理结构，有效规范管理层的决策行为；优化独立董事和监事会人员构成，加强对管理层的监督；通过股权激励、长期绩效奖金等制度加强激励机制，调动管理层和员工的积极性，进而提升公司治理水平。

参考文献

［1］白俊红，刘宇英．对外直接投资能否改善中国的资源错配［J］．中国工业经济，2018（01）：60－78.

［2］白重恩，刘俏，陆洲，等．中国上市公司治理结构的实证研究［J］．经济研究，2005（02）：81－91.

［3］蔡真，万兆．区域市场整合与中国企业资本配置效率——基于中国 A 股上市公司的经验证据［J］．中国农村经济，2023（11）：140－163.

［4］曹亚军，杨旭晗．OFDI 能否缓解企业的融资约束——基于 A 股非金融上市企业数据的实证分析［J］．中国软科学，2019（12）：129－136.

［5］曾五一，赵楠．中国区域资本配置效率及区域资本形成影响因素的实证分析［J］．数量经济技术经济研究，2007（04）：35－42.

［6］曾颖，陆正飞．信息披露质量与股权融资成本［J］．经济研究，2006（02）：69－79＋91.

［7］陈德球，陈运森，董志勇．政策不确定性、市场竞争与资本配置［J］．金融研究，2017（11）：65－80.

［8］陈德球，李思飞，钟昀珈．政府质量、投资与资本配置效率［J］．世界经济，2012，35（03）：89－110.

［9］陈全润，许健，夏炎，等．国内国际双循环的测度方法及中国双循环格局演变趋势分析［J］．中国管理科学，2022，30（01）：12－19.

[10] 陈涛琴，吕康娟，张恒瑞．企业数字化转型与资本配置效率［J］．社会科学，2023（09）：123－136.

[11] 陈旭，哈今华．高新技术企业资本要素配置效应影响因素实证分析——基于A股高新技术上市公司的财务数据［J］．贵州财经大学学报，2017（02）：75－83.

[12] 陈学彬，李忠．关于人民币国际化的思考［J］．经济研究参考，2012（30）：18－19.

[13] 程新生，武琼，刘孟晖，等．企业集团现金分布、管理层激励与资本配置效率［J］．金融研究，2020（02）：91－108.

[14] 程新生，谭有超，刘建梅．非财务信息、外部融资与投资效率——基于外部制度约束的研究［J］．管理世界，2012（07）：137－150＋188.

[15] 程子健，刘文，辛忠晟．“一带一路”背景下中国企业境外上市的全球布局研究［J］．东岳论丛，2017，38（09）：133－142.

[16] 崔胜朝，沈瑞婷．境外上市改善公司治理的机制分析［J］．山东大学学报（哲学社会科学版），2008（02）：114－119.

[17] 戴翔，张二震，张雨．双循环新发展格局与国际合作竞争新优势重塑［J］．国际贸易，2020（11）：11－17.

[18] 窦玉明，徐涛．信用缺失状态下的中国资本市场配置效率分析［J］．财政研究，2006（05）：56－58.

[19] 杜传忠，管海锋．数字经济与中国制造业出口技术复杂度——基于中介效应与门槛效应的检验［J］．南方经济，2021（12）：1－20.

[20] 段婷婷，张立光．资本市场开放与公司ESG信息披露——基于A股纳入MSCI指数准自然实验［J］．经济评论，2024（01）：153－168.

[21] 樊帅，田志龙，邓新明．中国企业海外上市的动因和模式分析［J］．华中科技大学学报（社会科学版），2007（02）：59－64.

［22］范钛．中国企业境外上市的绩效与风险［J］．统计与决策，2005（18）：69－71.

［23］范学俊．金融政策与资本配置效率——1992～2005年中国的实证［J］．数量经济技术经济研究，2008（02）：3－15.

［24］方军雄．市场化进程与资本配置效率的改善［J］．经济研究，2006（05）：50－61.

［25］冯莉．中国中小企业海外上市地点的选择［J］．经济纵横，2006（10）：29－32.

［26］高慧清，张碧琼．开放经济条件下财政支出冲击效应研究——基于人民币实际汇率传递的视角［J］．国际贸易问题，2020（08）：147－163.

［27］高淑华．互联网企业境外上市财务效果研究［D］．北京：首都经济贸易大学，2014.

［28］高伟，李岳洋．双循环新发展格局研究综述［J］．新疆师范大学学报（哲学社会科学版），2024，45（05）：91－101.

［29］顾保国．加入WTO与中国企业境外上市分析［J］．亚太经济，2001（02）：64－67.

［30］顾颉，张海燕．民营企业海外上市应注意的几个问题［J］．中国工业经济，1999（02）：36－38.

［31］郭吉涛，王子晋．数字化转型对企业资本配置效率的影响——基于制造业上市企业的经验证据［J］．南京财经大学学报，2023（03）：67－76.

［32］韩立岩，王哲兵．中国实体经济资本配置效率与行业差异［J］．经济研究，2005（01）：77－84.

［33］侯欣裕，孙浦阳．外部市场需求冲击与企业工资调整［J］．国际贸易问题，2019（10）：53－66.

［34］胡国柳，赵阳．公司治理水平、董事高管责任保险与盈余管理［J］．财经理论与实践，2017，38（02）：74－80.

[35] 胡海峰，陈明哲．关于中国优质企业境外上市的思考［J］．经济纵横，2016（03）：85－91.

[36] 胡晓明，周友梅．从“中航油事件”看海外中资企业的公司治理问题［J］．经济管理，2005（07）：94－96.

[37] 黄玖立，范皓然．资本配置效率与地区比较优势［J］．经济学动态，2016（04）：70－84.

[38] 黄群慧，倪红福．中国经济国内国际双循环的测度分析——兼论新发展格局的本质特征［J］．管理世界，2021，37（12）：40－58.

[39] 黄群慧．“双循环”新发展格局：深刻内涵、时代背景与形成建议［J］．北京工业大学学报（社会科学版），2021（1）：9－16.

[40] 黄仁全，李村璞．中国经济国内国际双循环的测度及增长动力研究［J］．数量经济技术经济研究，2022，39（08）：80－99.

[41] 黄玫，刘怡芳．市场环境、股价信息含量与资本配置效率［J］．税务与经济，2017（04）：28－34.

[42] 计金标，应涛，刘建梅．提振国内居民消费、促进“双循环”的税收政策研究［J］．税务研究，2020（11）：5－10.

[43] 江小涓，孟丽君，魏必．以高水平分工和制度型开放提升跨境资源配置效率［J］．经济研究，2023，58（08）：15－31.

[44] 姜付秀，伊志宏，苏飞，等．管理者背景特征与企业过度投资行为［J］．管理世界，2009（1）：130－139.

[45] 姜付秀，黄磊，张敏．产品市场竞争、公司治理与代理成本［J］．世界经济，2009，32（10）：46－59.

[46] 姜凯，张继武．自由贸易试验区设立与企业资本配置效率［J］．中南财经政法大学学报，2023（03）：94－106.

[47] 金蓓．经济双循环视域下的需求侧改革［J］．新疆师范大学学报（哲学社会科学版），2021（05）：1－9.

[48] 孔宁宁，李书超．境外上市有助于公司成长吗？——基于中国赴美上市公司的经验证据［J］．经济与管理研究，2010（10）：

102－108.

［49］孔宁宁，秦蕊．民营企业境外上市与业绩变动研究——基于内地赴中国香港上市民营企业的经验证据［J］．国际商务（对外经济贸易大学学报），2015（04）：53－61.

［50］黎峰．国内国际双循环：理论框架与中国实践［J］．财经研究，2021，47（04）：4－18.

［51］李凤，董艳．大股东私有收益对海外上市决策的影响——基于内地赴港上市企业的实证研究［J］．经济学（季刊），2016（1）：415－440.

［52］李光贵．海外上市对资本成本形成和作用的影响［J］．经济经纬，2009（05）：88－91.

［53］李建萍，张乃丽．比较优势、异质性企业与出口“生产率悖论”——基于对中国制造业上市企业的分析［J］．国际贸易问题，2014（06）：3－13.

［54］李敬，刘洋．中国国民经济循环：结构与区域网络关系透视［J］．经济研究，2022，57（02）：27－42.

［55］李培馨，谢伟，王宝链．海外上市地点和企业投资：纳斯达克、中国香港、新加坡上市企业比较［J］．南开管理评论，2012，15（02）：81－91.

［56］李沁洋，何银莹，刘向强，等．资本市场开放对企业融资约束的影响机制研究：基于“沪深港通”的经验证据［J］．世界经济研究，2023（04）：87－102，136.

［57］李沁洋，支佳，刘向强．企业数字化转型与资本配置效率［J］．统计与信息论坛，2023，38（03）：70－83.

［58］李青原，李江冰，江春，等．金融发展与地区实体经济资本配置效率——来自省级工业行业数据的证据［J］．经济学（季刊），2013，12（02）：527－548.

［59］李双燕．交叉上市与盈余管理：基于以 ADR 赴美上市企业的

证据［J］．当代经济科学，2013，35（05）：115－123.

［60］李爽，吴溪．盈余管理、审计意见与监事会态度——评监事会在中国公司治理中的作用［J］．审计研究，2003（01）：8－13.

［61］李向荣，王文寅，李超．基于管理熵和 Brusselator 模型的公司治理绩效评价研究［J］．经济问题，2015（08）：81－85.

［62］李鑫，李香梅．代理冲突、公司治理因素的激励约束效应与资本配置效率［J］．管理世界，2014（11）：166－167.

［63］李延喜，曾伟强，马壮，陈克兢．外部治理环境、产权性质与上市公司投资效率［J］．南开管理评论，2015，18（01）：25－36.

［64］李英明．民营企业境外上市的新选择：美国 OTCBB 市场［J］．亚太经济，2004（02）：68－70.

［65］李瑛玫，王小娟，杨忠海．企业数字化转型增加审计延迟实证研究［J］．中央财经大学学报，2024（07）：115－128.

［66］李云鹤，李湛，唐松莲．企业生命周期、公司治理与公司资本配置效率［J］．南开管理评论，2011，14（03）：110－121.

［67］连三君，苏治．融资约束、不确定性与上市公司投资效率［J］．管理评论，2009，21（01）：19－26.

［68］廖洪强．企业境外上市对融资能力和公司治理的影响［J］．企业技术开发，2017，36（01）：103－105.

［69］廖志超，王建新．数字化转型对企业高质量发展的影响［J］．统计与决策，2023，39（22）：162－167.

［70］刘斌斌．控股权性质、上市企业定向增发与资本配置效率研究［J］．商业经济与管理，2015（05）：59－67.

［71］刘赣州．中国资本配置优化研究［D］．长春：吉林大学，2004.

［72］刘慧龙，王成方，吴联生．决策权配置、盈余管理与投资效率［J］．经济研究，2014，49（08）：93－106.

［73］刘嘉琦，李新春．中国企业海外上市：财务融资还是战略布

局［J］. 电子科技大学学报（社科版），2019，21（01）：21－29.

［74］刘建中. 资本配置效率研究的理论基础［J］. 贵州财经大学学报，2010（02）：17－22.

［75］刘姝雯，刘建秋，阳旸. 企业金融化与生产效率："催化剂"还是"绊脚石"［J］. 南开管理评论，2023，26（01）：55－68.

［76］卢建新. 资本配置、管理激励与内部资本市场效率［J］. 中南财经政法大学学报，2007（04）：92－98.

［77］陆桂贤，许承明，许凤娇. 金融深化与地区资本配置效率的再检验：1999－2013［J］. 国际金融研究，2016（03）：28－39.

［78］陆忠慧. 互联网企业海外上市融资现状的实证研究［J］. 时代金融，2018（11）：2－3.

［79］罗富政，赖纹慧. 统一大市场建设对城际经济协同发展的影响研究［J］. 南方经济，2024（03）：38－55.

［80］罗明琦. 企业产权、代理成本与企业投资效率——基于中国上市公司的经验证据［J］. 中国软科学，2014（07）：172－184.

［81］吕宙. 中国宏观资本配置与均衡研究［M］. 北京：中国金融出版社，2002.

［82］马骥. 中国企业境外上市融资的路径依赖［J］. 太平洋学报，2006（04）：48－53.

［83］马壮，李延喜，曾伟强，等. 产业政策提升资本配置效率还是破坏市场公平？［J］. 科研管理，2016，37（10）：79－92.

［84］毛中根. 大国经济内需驱动的国际经验及启示［J］. 中国流通经济，2011，25（02）：101－105.

［85］梅新育. 境外上市对中国宏观经济管理和市场秩序的挑战［J］. 国际贸易，2011（08）：21－26.

［86］倪婷婷，王跃堂. 区域行政整合、要素市场化与企业资源配置效率［J］. 数量经济技术经济研究，2022，39（11）：136－156.

［87］潘红波，余明桂. 集团内关联交易、高管薪酬激励与资本配

置效率［J］. 会计研究，2014（10）：20－27，96.

［88］潘文卿，张伟. 中国资本配置效率与金融发展相关性研究［J］. 管理世界，2003（08）：16－23.

［89］彭涛，黄福广，李娅，等. 外资风险投资、海外上市与企业国际化［J］. 外国经济与管理，2020，42（04）：123－138.

［90］蒲艳萍，成肖. 金融发展、市场化与服务业资本配置效率［J］. 经济学家，2014（06）：43－52.

［91］齐岳，黄佳宁，甄童雅，等. 中国教育企业赴海外上市 VIE 模式的研究——以新东方为例［J］. 商业会计，2019（17）：9－16.

［92］祁怀锦，李晖，刘艳霞. 政府治理、国有企业混合所有制改革与资本配置效率［J］. 改革，2019（07）：40－51.

［93］乔治，曲维玺，杜国臣. 双循环新发展格局与全球化重振——国际分工中的资源依赖视角［J］. 国际贸易，2023（07）：3－11.

［94］饶品贵，岳衡，姜国华. 经济政策不确定性与企业投资行为研究［J］. 世界经济，2017，40（02）：27－51.

［95］申明浩，谭伟杰，陈钊泳. 数字经济发展对企业创新的影响——基于 A 股上市公司的经验证据［J］. 南方金融，2022（02）：30－44.

［96］沈红波，戚艳霞. 企业海外上市对公司治理的影响［J］. 山西财经大学学报，2007（05）：56－60.

［97］盛仁斌，徐海. 要素价格扭曲的就业效应研究［J］. 经济研究，1999（05）：68－74.

［98］施炳展，冼国明. 要素价格扭曲与中国工业企业出口行为［J］. 中国工业经济，2012（02）：47－56.

［99］施新政，高文静，陆瑶，等. 资本市场配置效率与劳动收入份额——来自股权分置改革的证据［J］. 经济研究，2019，54（12）：21－37.

［100］石建勋，杨婧．新发展格局下需求侧管理的历史逻辑、理论内涵及实施路径［J］．新疆师范大学学报（哲学社会科学版），2021（6）：93－103.

［101］石建勋．民企境外上市的国际差异分析及其对策研究［J］．财经问题研究，2004（04）：31－36.

［102］孙芳城，胡俊，钟廷勇．数字化转型提升企业资本配置效率的机制研究［J］．西部论坛，2023，33（04）：17－31.

［103］孙俊，沈雨田，胡恒强．新发展格局下的国内大循环与国际循环——基于网络关联视角的一个实证研究［J］．国际金融研究，2021（11）：13－22.

［104］覃家琦，邵新建．交叉上市、政府干预与资本配置效率［J］．经济研究，2015，50（06）：117－130.

［105］谭皓方，张守夫．数字新基建、金融资源配置与经济高质量发展［J］．云南民族大学学报（哲学社会科学版），2023（01）：134－142.

［106］谭庆美，李月，刘微．中国企业海外上市决策模型：基于管理层持股视角［J］．中央财经大学学报，2017（07）：106－115.

［107］汤铎铎，刘学良，倪红福，等．全球经济大变局、中国潜在增长率与后疫情时期高质量发展［J］．经济研究，2020，55（08）：4－23.

［108］田利辉．境外上市、制度跃迁和银行绩效——“中银中国香港”案例分析［J］．管理世界，2006（02）：110－122.

［109］汪健，卢煜，朱兆珍．股权激励导致过度投资吗？——来自中小板制造业上市公司的经验证据［J］．审计与经济研究，2013，28（05）：70－79.

［110］汪炜，李兴建，封丽萍．境外上市企业国内 IPO 融资机制及其监管［J］．经济社会体制比较，2003（01）：59－65.

［111］王翠，闵晓莹．金融控股公司资本配置效益及协同效应研

究［J］. 财经问题研究，2014（05）：65－70.

［112］王飞. 中国民营企业海外上市动因与模式研究［D］. 大连：东北财经大学，2007.

［113］王峰娟，邹存良. 多元化程度与内部资本市场效率——基于分部数据的多案例研究［J］. 管理世界，2009（04）：153－161.

［114］王化成，李志杰，孙健. 境外上市背景下治理机制对公司价值的影响——基于融资决策传导效应的研究［J］. 会计研究，2008，（07）：65－72＋97.

［115］王磊，邓芳芳. 市场分割与资源错配——基于生产率分布视角的理论与实证分析［J］. 经济理论与经济管理，2016（11）：16－26.

［116］王茂林，何玉润，林慧婷. 管理层权力、现金股利与企业投资效率［J］. 南开管理评论，2014，17（02）：13－22.

［117］王维平，牛新星. 试论“双循环”新发展格局与经济高质量发展的良性互动［J］. 经济学家，2021（6）：5－12.

［118］王霞，连立帅，周萍. 高管后代性别与民营企业资本配置效率［J］. 世界经济，2021，44（06）：178－203.

［119］王鑫，吴斌珍. 个人所得税起征点变化对居民消费的影响［J］. 世界经济，2011，34（08）：66－86.

［120］王一鸣. 百年大变局、高质量发展与构建新发展格局［J］. 管理世界，2020（12）：1－13.

［121］王永剑，刘春杰. 金融发展对中国资本配置效率的影响及区域比较［J］. 财贸经济，2011（03）：54－60.

［122］王哲兵，韩立岩. 中国实体经济资本配置效率与行业差异［J］. 经济研究，2005（01）：77－84.

［123］王争，史晋川. 中国私营企业的生产率表现和投资效率［J］. 经济研究，2008（01）：114－126.

［124］魏海港. 股票价格、信息显示与资本配置［D］. 上海：复

旦大学，2004.

［125］吴杰，李向阳．境外上市能改善公司治理水平吗？——基于中国境外上市公司的经验证据［J］．商业研究，2015（04）：100－105.

［126］武立东，江津，王凯．董事会成员地位差异、环境不确定性与企业投资行为［J］．管理科学，2016，29（2）：52－65.

［127］武宵旭，任保平．数字经济背景下要素资源配置机制重塑的路径与政策调整［J］．经济体制改革，2022（2）：5－10.

［128］徐桂华．关于"内外循环，双轨联动"的战略构想［J］．世界经济文汇，1988（04）：5－17.

［129］徐奇渊．双循环新发展格局：如何理解和构建［J］．金融论坛，2020（9）：3－9.

［130］许晨曦，刘肖楠，孟大虎．国有企业混合所有制改革、企业管理效率与创新可持续性［J］．北京工商大学学报（社会科学版），2023，38（04）：89－100.

［131］许晓芳，周茜，陆正飞．过度负债企业去杠杆：程度、持续性及政策效应——来自中国上市公司的证据［J］．经济研究，2020，55（08）：89－104.

［132］杨世昌．同股不同权扩张探讨［J］．上海商业，2020（05）：78－80.

［133］杨筝，刘放，李茫茫．利率市场化、非效率投资与资本配置——基于中国人民银行取消贷款利率上下限的自然实验［J］．金融研究，2017（05）：81－96.

［134］叶陈刚，裘丽，张立娟．公司治理结构、内部控制质量与企业财务绩效［J］．审计研究，2016（02）：104－112.

［135］衣长军，赵晓阳．数字化转型能否提升中国跨国企业海外投资效率［J/OL］．中国工业经济，2024（01）：150－169.

［136］易宪容，卢婷．国内企业境外上市对中国资本市场的影响

[J]. 管理世界, 2006 (07): 4 - 14.

[137] 于桂琴. 对国内企业海外上市的冷思考 [J]. 经济与管理研究, 2002 (05): 50 - 52.

[138] 于文超, 何勤英. 投资者保护、政治联系与资本配置效率 [J]. 金融研究, 2013 (05): 152 - 166.

[139] 张安军, 叶彤. 产品市场竞争、财政补贴与资本配置效率 [J]. 财经论丛, 2022 (05): 34 - 45.

[140] 张斌. 论参与国际经济循环与发展中国对外直接投资 [J]. 河南财经学院学报, 1989 (03): 25 - 29.

[141] 张淳. 中国社会保障基金投资信托法律规制研究——兼论有关信托特别法的制定 [J]. 江西社会科学, 2009 (01): 185 - 193.

[142] 张浩, 陶伦琛. 境外投资者持股与环境信息披露: 来自上市公司的实证分析 [J]. 世界经济研究, 2022 (07): 105 - 119 + 137.

[143] 张建卫. 中国国有企业境外上市策略选择——兼析某国有企业境外上市的案例 [J]. 中国流通经济, 2014, 28 (04): 85 - 91.

[144] 张礼卿. 对"双循环"新发展格局的几点认识 [J]. 南开学报 (哲学社会科学版), 2021 (01): 17 - 20.

[145] 张新民, 张婷婷, 陈德球. 产业政策、融资约束与企业投资效率 [J]. 会计研究, 2017 (04): 12 - 18, 95.

[146] 张学伟, 陈良华. 内部资本市场效率测度指标的实证分析——基于联立方程模型 [J]. 技术经济, 2013, 32 (09): 118 - 124.

[147] 张耀伟, 陈世山, 李维安. 董事会非正式层级的绩效效应及其影响机制研究 [J]. 管理科学, 2015, 28 (01): 1 - 17.

[148] 张玉兰, 王园园, 张路遥. 风险管理框架下"互联网 +"上市公司内部控制有效性评价 [J]. 财会月刊, 2017 (05): 5 - 7.

[149] 张悦玫, 张芳, 李延喜. 会计稳健性、融资约束与投资效率 [J]. 会计研究, 2017 (09): 35 - 40 + 96.

[150] 张宗新, 张帅. 数字金融提升中国资本要素配置效率研究

[J]. 社会科学，2022 (11)：129 - 139.

[151] 章昌裕. 国际资本循环“新常态”下的对外经济合作 [J]. 国际经济合作，2015 (07)：34 - 38.

[152] 郑休休，刘青，赵忠秀. 产业关联、区域边界与国内国际双循环相互促进——基于联立方程组模型的实证研究 [J]. 管理世界，2022，38 (11)：56 - 70，71 - 80 + 145.

[153] 郑志刚，蔡茂恩，李邈，等. 新经济企业为什么偏好交叉上市？——来自美国中概股公司的证据 [J]. 金融研究，2023 (09)：188 - 206.

[154] 钟腾龙，余淼杰. 外部需求、竞争策略与多产品企业出口行为 [J]. 中国工业经济，2020 (10)：119 - 137.

[155] 周瑾. 中国企业：境外上市 [J]. 经济管理，2000 (10)：52 - 54.

[156] 朱灏，史昭君，朱泊翰. 国际国内双循环新发展格局构造特征研究 [J]. 中国软科学，2023 (09)：214 - 224.

[157] 朱立南. 论纵深国际循环模式的外向型经济发展战略 [J]. 国际贸易，1992 (10)：14 - 16.

[158] [美] 阿瑟·刘易斯. 二元经济论 [M]. 施炜，谢兵，苏玉宏，译. 北京：北京经济学院出版社，1989.

[159] [英] 阿尔弗雷德·马歇尔. 经济学原理 [M]. 陈良璧，译. 北京：商务印书馆，2010.

[160] [英] 亚当·斯密. 国民财富的性质和原因的研究（上卷）[M]. 郭大力，王亚南，译. 北京：商务印书馆，1972：16 - 34.

[161] Abed A L, Abdallah W. Does cross - listing increase managers' propensity to listen to the market in M&A deals? [J]. Journal of Corporate Finance, 2017 (46): 97 - 120.

[162] Aktas N, Andreou P C, Karasamani I, et al. CEO duality, agency costs, and internal capital allocation efficiency [J]. British Journal

of Management, 2019, 30 (2): 473 - 493.

[163] Amihud Y, Mendelson H. Asset pricing and the bid - ask spread [J]. Journal of Financial Economics, 1986, 17 (2): 223 - 249.

[164] Bae K H, Purda L, Welker M, Zhong L. Credit rating initiation and accounting quality for emerging - market firms [J]. Journal of International Business Studies, 2013, 44 (3): 216 - 234.

[165] Beasley M S. An empirical analysis of the relation between the board of director composition and financial statement fraud [J]. The Accounting Review, 1996, 71 (4): 443 - 465.

[166] Bell R G, Filatotchev I, Rasheed A A. The liability of foreignness in capital markets: Sources and remedies [J]. Journal of International Business Studies, 2012, 43 (2): 107 - 122.

[167] Bell R G, Filatotchev I, Aguilera R V. Corporate governance and investors' perceptions of foreign IPO value: An institutional perspective [J]. The Academy of Management Journal, 2014, 57 (1): 301 - 320.

[168] Berry H, Guillén M F, Zhou N. An institutional approach to cross - national distance [J]. Journal of International Business Studies, 2010, 41 (9): 1460 - 1480.

[169] Bris A, Cantale S, Hrnjić E, Nishiotis G P. The value of information in cross - listing [J]. Journal of Corporate Finance, 2012, 18 (2): 207 - 220.

[170] By - Raymond - W Goldsmith. Financial structure and development [M]. Yale University Press, 1969.

[171] Charnes A, Cooper W W, Rhodes E. Measuring the efficiency of decision making units [J]. European Journal of Operational Research, 1978, 2 (6): 429 - 444.

[172] Chizema A, Shinozawa Y. The "company with committees": Change or continuity in Japanese corporate governance? [J]. Journal of Man-

agement Studies, 2012, 49 (1): 77 - 101.

[173] Choi F. European disclosure: The competitive disclosure hypothesis [J]. Journal of International Business Studies, 1974, 5 (2): 15 - 23.

[174] Choi J, Rajan M. A joint test of market segmentation and exchange risk factor in international capital market [J]. Journal of International Business Studies, 1997, 28 (1): 29 - 49.

[175] Choi J. A model of firm valuation with exchange exposure [J]. Journal of International Business Studies, 1986, 17 (2): 153 - 160.

[176] Coffee Jr. John C. Racing towards the top: The impact of cross - listing and stock market competition on international corporate governance [J]. Columbia Law Review, 2002.

[177] Coffee J C. Future as history: The prospects for global convergence in corporate governance and its implications [J]. Northwestern University Law Review, 1999, 93 (3): 641 - 708.

[178] Craig Doidge. U. S. cross - listings and the private benefits of control: evidence from dual - class firms [J]. Journal of Financial Economics, 2004 (3): 519 - 553.

[179] Cumming D, Knill A, Syvrud K. Do international investors enhance private firm value? Evidence from venture capital [J]. Journal of International Business Studies, 2016, 47 (3): 347 - 373.

[180] Del Bosco B, Misani N. The effect of cross - listing on the environmental, social, and governance performance of firms [J]. Journal of World Business, 2016, 51 (6): 977 - 990.

[181] Doidge C, Karolyi G A, Stulz R. Why are foreign firms listed in the U. S. worth more? [J]. Journal of Financial Economics, 2004, 71 (22): 205 - 238.

[182] Don Herrmann, Yoo Tony - Kang, Yong. The impact of cross - listing in the United States on the precision of public and private information

[J]. Journal of International Business Studies, 2015 (1): 87-103.

[183] Dufey G. The Eurobond market: Its significance for international financial managements [J]. Journal of International Business Studies, 1970, 1 (1): 65-81.

[184] Eisenhardt K M. Agency theory: An assessment and review [J]. The Academy of Management Review, 1989, 14 (1): 57-74.

[185] Filatotchev I, Bell R G, Rasheed A A. Globalization of capital markets: Implications for firm strategies [J]. Journal of International Management, 2016, 22 (3): 211-221.

[186] Foerster S R, Karolyi G A. International listings of stocks: The case of Canada and the US [J]. Journal of International Business Studies, 1993, 24 (4): 763-784.

[187] Forssbaeck J, Oxelheim L. Finance-specific factors as drivers of cross-border investment—An empirical investigation [J]. International Business Review, 2008, 17 (6): 630-641.

[188] Francis B B, Hasan I, Lothian J R, Sun X. The signaling hypothesis revisited: Evidence from foreign IPOs [J]. Journal of Financial and Quantitative Analysis, 2010, 45 (1): 81-106.

[189] G-Andrew-Karolyi-René Craig Doidge. Why are foreign firms listed in the U. S. worth more? [J]. Journal of Financial Economics, 2004 (2): 205-238.

[190] Gerakos J J, Piotroski J D, Srinivasan S. Which US market interactions affect CEO pay? Evidence from UK companies [J]. Management Science, 2013, 59 (11): 2413-2434.

[191] Hanink D M. A mean-variance model of MNF location strategy [J]. Journal of International Business Studies, 1985, 16 (1): 165-170.

[192] Hasan I, Kobeissi N, Wang H. Global equity offerings, corporate valuation, and subsequent international diversification [J]. Strategic

Management Journal, 2011, 32 (7): 787 - 796.

[193] Hearn B, Piesse J, Strange R. Islamic finance and market segmentation: Implications for the cost of capital [J]. International Business Review, 2012, 21 (1): 102 - 113.

[194] Herrmann D, Kang T, Yoo Y K. The impact of cross - listing in the United States on the precision of public and private information [J]. Journal of International Business Studies, 2015, 46 (1): 87 - 103.

[195] Hsieh C, Klenow P J. Misallocation and manufacturing TFP in China and India [J]. The Quarterly Journal of Economics, 2009 (4): 1403 - 1448.

[196] Humphery - Jenner M, Suchard J A. Foreign venture capitalists and the internationalization of entrepreneurial companies: Evidence from China [J]. Journal of International Business Studies, 2013, 44 (6): 607 - 621.

[197] Jeffrey Wurgler. Financial markets and the allocation of capital. [J]. Journal of Financial Economics, 2000 (1 - 2): 187.

[198] Jensen M C, Meckling W H. Theory of the firm: Managerial behavior, agency costs and ownership structure [J]. Journal of Financial Economics, 1976, 3 (4): 305 - 360.

[199] John - S Howe, Kelm Kathryn. The stock price impacts of overseas listings [J]. Financial Management, 1987: 51 - 56.

[200] Jr. Coffee - John C. Racing towards the Top: The Impact of Cross - Listing and Stock Market Competition on International Corporate Governance [J]. Columbia Law Review, 2002.

[201] Khurana I K, Martin X, Periera R. Cross - listing and firm growth [J]. Review of Finance, 2007, 12 (2): 293 - 322.

[202] King M R, Mittoo U R. What companies need to know about international cross - listing [J]. Journal of Applied Corporate Finance, 2010,

19 (4): 60 - 74.

[203] Kingsley A F, Graham B A. The effects of information voids on capital flows in emerging markets [J]. Journal of International Business Studies, 2017, 48 (3): 324 - 343.

[204] Krishna - G - Palepu Paul M Healy. Information asymmetry, corporate disclosure, and the capital markets: A review of the empirical disclosure literature [J]. Journal of Accounting and Economics, 2001 (1): 405 - 440.

[205] L Ma, Chen D, Gao L. Overseas listing, voluntary corporate governance and performance [J]. Frontiers of Business Research in China, 2008 (3): 440 - 457.

[206] Lel U, Miller D P. International cross - listing, firm performance, and top management turnover: A test of the bonding hypothesis [J]. The Journal of Finance, 2008, 63 (4): 1897 - 1937.

[207] Leuz C, Lins K V, Warnock F E. Do foreigners invest less in poorly governed firms? [J]. The Review of Financial Studies, 2008, 22 (8): 3245 - 3285.

[208] Lin J Y, Tan G. Policy burdens, accountability and soft - budget constraint [J]. American Economic Review, 1999, 89 (2): 426 - 431.

[209] Lins, Strickland, Zenner. Firms issue stock on US equity markets to relax capital constraints [J]. Journal of Financial and Quantitative Analysis, 2005 (40): 109 - 133.

[210] Lundholm R, Russell J, Rahman A, et al. The foreign investor bias and its linguistic origins [J]. Management Science: Journal of the Institute of Management Sciences, 2018, 64 (9): 4433 - 4450.

[211] Matthew - T Billett, Garfinkel Jon - A, Jiang Yi. The influence of governance on investment: Evidence from a hazard model [J]. Journal of Financial Economics, 2011 (3): 643 - 670.

[212] McLean R D, Zhang T, Zhao M. Why does the law matter? Investor protection and its effects on investment, finance and growth [J]. Journal of Finance, 2012, 67 (1): 315 - 350.

[213] Melitz M J, Ottaviano G I P. Erratum: Market size, trade, and productivity [J]. Review of Economic Studies, 2008, 75 (1).

[214] Merton R C. A simple model of capital market equilibrium with incomplete information [J]. The Journal of Finance, 1987, 42 (3): 483 - 510.

[215] Modén K M, Oxelheim L. Why issue equity abroad? Corporate reasons and stock market responses [J]. MIR: Management International Review, 1997: 223 - 241.

[216] Mun Heng Toh, Wai Choong Ng. Efficiency of investments in Asian economies: Has Singapore over - invested [J]. Journal of Asian Economics, 2002, 13 (1 - 2): 52 - 77.

[217] Oxelheim L, Randøy T. The Anglo - American financial influence on CEO compensation in non - Anglo - American firms [J]. Journal of International Business Studies, 2005, 36 (4): 470 - 483.

[218] Pagano M, Roell A A, Zechner J. The geography of equity listing: Why do companies list abroad? [J]. The Journal of Finance, 2002, 57 (6): 2651 - 2694.

[219] Peng M W. Institutional transitions and strategic choices [J]. The Academy of Management Review, 2003, 28 (2): 275 - 296.

[220] Penzkofer P. Character and structure of the Euro - capital market [J]. Management International Review, 1969, 9 (1): 107 - 109.

[221] Pownall G, Vulcheva M, Wang X. The ability of global stock exchange mechanisms to mitigate home bias: Evidence from Euronext [J]. Management Science, 2014, 60 (7): 1655 - 1676.

[222] Puck J, Filatotchev I. Finance and the multinational company:

Building bridges between finance and global strategy research [J]. Global Strategy Journal, 2018.

[223] Rafael La Porta, Lopez - de - Silanes Florencio, Shleifer Andrei, et al. Law and finance [J]. Journal of Political Economy, 1998 (6): 1113 - 1155.

[224] RD - McLean - R - David McLean, Zhang TY - Zhang - Tianyu, Zhao MX - Zhao - Mengxin. Why Does the Law Matter? Investor Protection and Its Effects on Investment, Finance, and Growth [J]. The Journal of Finance, 2012 (1): 313 - 350.

[225] Rene M Stulz. Globalization, corporate finance, and the cost of capital [J]. The Bank of America Journal of Applied Corporate Finance, 1999 (3): 8 - 25.

[226] Richardson S. Over - investment of free cash flow [J]. Review of Accounting Studies, 2006, 11 (2 - 3): 159 - 189.

[227] ROBERT - C MERTON. A Simple Model of Capital Market Equilibrium with Incomplete Information [J]. Journal of Finance, 1987 (3): 483 - 510.

[228] Ross Levine. Financial Development and Economic Growth: Views and Agenda [J]. Journal of Economic Literature, 1997 (2): 688 - 726.

[229] Sarkissian S, Schill M J. Are there permanent valuation gains to overseas listing? [J]. Review of Financial Studies, 2009, 22 (1): 371 - 412.

[230] Saudagaran S M, Biddle G C. Foreign listing location: A study of MNCs and stock exchanges in eight countries [J]. Journal of International Business Studies, 1995, 26 (2): 319 - 341.

[231] Scott Richardson. Over - investment of free cash flow [J]. Review of Accounting Studies, 2006, 11 (2): 159 - 189.

[232] Stapleton R C, Subrahmanyam M G. Market imperfections, cap-

ital market equilibrium and corporation finance [J]. The Journal of Finance, 1977, 32 (2): 307 -319.

[233] Stewart - C Myers, Majluf Nicholas - S. Corporate Financing and Investment Decisions When Firms Have Information That Investors Do Not Have [J]. Journal of Financial Economics, 1984 (2): 187 -221.

[234] Sur S, Lvina E, Magnan M. Why do boards differ? Because owners do: Assessing ownership impact on board composition [J]. Social Science Electronic Publishing, 2013, 21 (4): 373 -389.

[235] Tupper C H, Guldiken O, Benischke M. Capital market liability of foreignness of IPO firms [J]. Journal of World Business, 2018, 53 (4): 555 -567.

[236] William A Reese Jr, Weisbach Michael S. Protection of minority shareholder interests, cross - listings in the United States, and subsequent equity offerings [J]. Journal of Financial Economics, 2002 (1): 65 -104.

[237] Wurgler J. Financial markets and allocation of capital [J]. Journal of Financial Economics, 2000 (58): 187 -214.

[238] Xu Y, Zhao X, Zhou X, Yuan L. Financial structure and capital allocation efficiency: An empirical analysis of China from 2005 - 2018 [J]. Applied Economics, 2021, 53 (29): 3347 -3358.

[239] Yagil J, Forshner Z. Note—Gains from international dual listing [J]. Management Science, 1991, 37 (1): 114 -120.

[240] Yakov - AmihudHaim Mendelson. Asset pricing and the bid - ask spread * 1 [J]. Journal of Financial Economics, 1986 (2): 223 -249.

后　记

本书为笔者承担的国家社会科学基金青年项目：双循环格局下中国企业境外上市对资本配置效率的影响研究（项目编号：21CGJ045）的最终研究成果，同时为河北大学重点培育项目：中国企业境外上市赋能新质生产力提升的机制与路径研究（项目编号：2024HPY009）的阶段性研究成果。在此对国家哲学社会科学规划办公室和河北大学的资助表示感谢！

感谢中国社会科学院亚太与全球战略研究院李向阳研究员，2017年9月我考入中国社会科学院研究生院攻读世界经济专业博士学位，在李向阳老师的指导下开始关注中国企业境外上市问题，并完成博士学位论文《国有企业境外上市的资本错配纠正效应研究》。在国家社会科学基金项目的申报过程中，与李老师多次讨论，并将最终的申报题目确定为“双循环格局下中国企业境外上市对资本配置效率的影响研究”，在项目论证和实施过程中，李老师提出了诸多宝贵意见，在此表示感谢！

感谢河北大学经济学院马文秀教授，2014年9月，我有幸考取了河北大学经济学院世界经济专业硕士研究生，并得到马老师的指导。多年来，马老师一直在学术上严格要求，敦促我不断进步和提高。在国家社会科学基金项目的论证过程中，马老师付出了大量心血，提出了诸多修改意见，在此表示感谢！

感谢河北大学经济学院院长成新轩教授、北京师范大学魏浩教授、南开大学佟家栋教授、中国社会科学院世界经济与政治研究所李国学副研究员、河北大学管理学院赵元斌博士、中国社会科学院财经战略研究院刘瑶博士，在项目的论证过程中各位专家提出了大量有价值的意见，使得项目申报书增色不少！

在本书的撰写过程中，乔敏健作为课题负责人，负责了全书的内容策划和最终审定，本书课题组成员为：孟彤、王珠存、梁丽硕、马康、要欣雨、姜悦、赵俊、喻莫非、尹嘉程，付凯、田若冰、潘依诺在数据搜集和整理过程中做了大量工作，在此表示感谢！

中国财政经济出版社编辑老师为本书的出版付出了辛苦的工作，在此表示感谢！

在本书的撰写过程中，课题组成员查阅了大量中外文文献资料，获得了诸多素材和灵感，在此对各位作者表示感谢！

由于作者水平有限，书中可能存在诸多不妥之处，恳请各位同行批评指正！

乔敏健

2025 年 5 月于河北大学